機関投資家だけが
知っている

『予想』の
いらない
株式投資法

泉田良輔
Izumida Ryosuke

ダイヤモンド社

はじめに

　この本は、「株式投資で失敗したくない、そして、しっかりと儲けたい」という人向けに書いています。

「これから株式投資を始めたい」「いつまでたっても初心者だ」と思っている人が、本書を読み終える「数時間後」には、プロ投資家と呼ばれる機関投資家と同じような投資判断ができるようになることを目標としています。

「そんな短時間で、アマチュア投資家がプロと同じようになれるはずがない」という人もいると思います。

　普通に考えれば、そのとおりです。株式投資において初心者がつまずくのは「３つのハードル」があるからです。通常、それを乗り越えるには時間がかかります。

　本書では、具体的なケースを数多く使って、この３つのハードルを短時間で乗り越えるためのツボを解説しています。

　３つのハードルとは以下のようなものです。

- ・数多くある上場銘柄から「これぞ！」という銘柄を絞り込めない（スクリーニングの問題）
- ・興味のある銘柄がよい会社か悪い会社か判断できない（決算・財務指標分析の問題）
- ・投資したい銘柄をいくらで買って、いくらで売ればよいのかわからない（バリュエーションの問題）

「スクリーニング」は、数多くある銘柄の中から、投資したい銘柄を見いだ

すために、条件を設定し、銘柄を絞り込んでいく作業です。どのようにユニバース（母集団）を決めたらいいのか、どのような条件を入れればよいのか（または入れてはいけないか）を見ていきます。

「決算・財務指標分析」は、株式市場に参加するのであれば最低限必要です。アナリストと同程度に決算書が読みたいのなら、日商簿記2級くらいの知識が必要ですといいたいところです。しかし、本書では決算書でも最低限の項目に絞り、そこから簡単に算出できる財務指標を活用しながら、よい会社かそうでない会社かを見分けるポイントを解説します。

そして、どんなによい銘柄を見いだしたとしても、「いくらで買うのか、いくらで売るのか」を決めることが重要です。その際に判断の基準となるのが「バリュエーション（株価評価）」です。

バリュエーションは、株価が割高か割安かを測る「モノサシ」、つまり道具なので、使い方を覚える必要があります。バリュエーションは銘柄ごとに使い勝手がよいものと悪いものがあります。銘柄ごとにどのバリュエーションがよいのかをピックアップし、目標株価を算出する必要があります。本書をお読みいただければ、バリュエーションの使い方とともに、バリュエーション自体もいろいろな角度から評価できるようになります。

バリュエーション時に問題になるのが、将来の利益予想等の取り扱いです。機関投資家は自分たちの予想があり、それらに基づいてバリュエーションを行います。

ただ、個人投資家が銘柄ごとに収益予想モデルを作成し、バリュエーションを行うのは難しいでしょう。本書では、無料で入手できる、すでにある予想を使用し、「予想しない」で目標株価を決定できる方法をお伝えします。

ここでは、本書をお読みいただくのに知っておくと便利なバリュエーションについて簡単にご紹介しておきます。

● PER（株価収益率）

　PER（Price Earnings Ratio、ピーイーアールと発音）は、利益を基準とした判断指標であり、株式投資をする際に最も頻繁に出てくるバリュエーションです。

　PERは、現在の株価を1株当たり当期純利益であるEPS（Earnings Per Share、イーピーエスと発音）で割ることで算出します。EPSは予想EPSを使います。多くの企業は自ら予想EPSを発表しています。過去のPERについては実績値を使います。算出するPERは「何倍」と表現します。

　　PER ＝株価÷ EPS

〈メリット〉
　・計算が簡単
　・多くの市場参加者が使用している
　・過去や競合企業、株式市場全体との比較が容易

〈デメリット〉
　・何倍であれば安いのか高いのかがわかりにくい
　・赤字企業には使えない
　・キャッシュ（現金）を貯め込んでいる企業のPERが高めに出てしまう

● PBR（株価純資産倍率）

　PBR（Price Book-value Ratio、ピービーアールと発音）とは、純資産を基準としたバリュエーションです。

　PBRは、現在の株価を1株当たり純資産BPS（Book-value Per Share）で割って算出します。BPSは実績値を使うこともありますが、本書でも解説するように予想値も簡単に計算できます。PBRの算出結果も、PERと同様に「何倍」

と表します。

$$PBR ＝株価 ÷ BPS$$

〈メリット〉
・計算が簡単
・赤字企業にも使える
・過去や株式市場全体との比較が容易

〈デメリット〉
・PBR が 1 倍を超えると、何倍が高くて何倍が安いのかがわかりにくい

　本書を理解する上で必要なバリュエーションは PER と PBR のみです。また、それらのバリュエーションの間に割って入る、企業の収益性の指標である ROE（Return On Equity）も併せて理解すれば、投資判断が相当楽になるはずです。

　PER や PBR 以外にも、売上高を基準とした PSR(Price to Sales Ratio)、キャッシュフローを基準とした EV/EBITDA などもあります。ただ、個人投資家が使いこなすにはメリットよりもデメリットのほうが大きいので、おすすめしません。

　また、株価の絶対値を求めようとする DCF（Discounted Cash Flow）モデルなどもありますが、PER とは親戚のような関係にあります。PER について考えているというのは、DCF についても同様に考えていることになります。本書のコラムを読んでいただければご理解いただけるかと思います。

　とにもかくにも、PER と PBR、そして ROE を理解し、使いこなせるようになることに集中してもらいたいというのが本書の基本的なスタンスです。

第1章

「予想しないとダメ」という思い込みを捨てよう

第2章

歴史を学べば誰でも優良企業に出会える

第5章

「株主資本複利」と「スペシャルシチュエーション」へ

「予想しないとダメ」という
思い込みを捨てよう

将来を予想しない株式投資とは

「投資」というと、みなさんは何を思い浮かべるでしょうか。投資にはさまざまな対象がありますが、今回は「**株式投資**」がテーマです。

では、株式投資というと、どのようなイメージがあるでしょうか。

株式投資を経験していない人は、「株は考えなきゃいけないことが多そうで、とにかく難しそう」「リスクが大きそうで、なんか苦手」「株価が毎日動くので、いつ投資していいかわからない」と思うかもしれません。

また、投資について少し知っている人だと、「業績や利益が株価に影響があるのはなんとなく知っているけど、実際に決算書など読んだことはない」「将来を予想しないといけないと聞いたので、自分には難しそう」と感じているかもしれません。

このように、株式投資は「とっつきにくい」というイメージをお持ちの方が多いと思います。

本書では、そうした**株式投資のとっつきにくさを取り除き、どのようにすればよい銘柄にたどり着けるのか**、また、**いつ買って、いつ売ればよいか**について、ご紹介していきます。

さて、株式投資の経験者ならおわかりかと思いますが、株式投資の最も難しいところは、「将来を予想すること」といえるでしょう。自分の将来でさえ予想がつかないのに、投資先企業の未来を予想するのは至難の業とお考えの方は決して少なくないでしょう。

本書では、株式投資になかなかなじめない個人投資家のみなさんに「**予想しなくてもよい**」投資方法をご紹介します。

株式投資とは「将来をより正確に予想することだ」と考えてきた投資家からすれば、「そんなことはありえない！」という声もありそうです。しかし、私がこれまで接してきた、長年にわたって実績があり、世界でも有名なファ

ンドマネージャーたちの調査アプローチは、将来予想を必死にやってきたか
というと、決してそうではありません。

　多くの人からすれば意外かもしれませんが、将来を予想するよりも、**過去、
つまり企業や産業の歴史を分析するほうに時間をかけてきた**といえます。

　歴史を知ることで、投資先を見極めることができますし、いくらの株価で
投資をし、いつ売却すればよいかも見えてきます。

　本書は、以下のような人に読んでいただければと思います。

・これから株式投資を始めようという人
・長く株式投資をしているが、いつまでたっても初心者を卒業できない人
・自分の投資手法を確立して、株式投資の中上級者になりたい人
・デイトレでなく、投資先企業とともに長期的に株価上昇を楽しみたい人

　また、どのような年齢層の方に注目してもらいたいかというと、以下の2
つの世代です。

・まとまった老後資金を準備したい 30 ～ 50 代の働く世代
・株式投資を通じて資産運用を楽しみたい 60 ～ 70 代の定年後世代

　投資を始めるのに運転免許のような決まった年齢はありませんが、早けれ
ば早いことに越したことはありません。それは、ひとえに投資に時間をかけ
ることができるからです。

　働く世代は、仕事が忙しいので、株式投資を始めるといっても、銘柄を細
かく分析する時間もないでしょうし、決算を定期的にフォローするのも難し
いでしょう。しかし、老後に向けて時間があるので、**長期的に株価が上昇し
ていく銘柄を見いだして、コツコツ預貯金を積み立てるように、有望な株を
買い足していく**というアプローチが最適です。それも投資効率のよい銘柄を
長期間保有することで、大きなリターンを手にすることが可能です。

また、定年後の世代は、資産運用の選択肢が限られていて、実質的には株式や投資信託を活用した資産運用に限定されているのが実情です。人によっては、「資産運用難民」と呼ぶ人もいます。

　これは、年齢によるところも大きく、生命保険も加入するのが難しくなりますし、不動産投資を行うにしても定職についていないと金融機関からの借入が難しくなったりします。結局、資産運用を始めるといえば、手持ちの預貯金を株式や投資信託といった金融商品に投資をする選択肢しか残されていないのです。

　リスクを分散して投資をするのであれば投資信託は便利な金融商品ですが、そもそも分散投資をしているために値動きは抑えられています。

　年配の方には、以下のようなニーズが出てきます。

「投信でお金を増やすのには時間がかかりそう」

「値動きがよい金融商品が欲しい」

　そうなると選択肢として浮上してくるのが**株式投資**です。

　ただし、株式投資はファンドマネージャーというプロ投資家がリスクを管理しながら運用してくれる投資信託とは異なり、すべての投資判断とリスクを自分で引き受けなければなりません。老後になって初めて株式投資をして、現役時代に蓄えた資産を大きく減らしてしまっては元も子もありません。

　株式投資をするとなると、プロもアマチュアも同じ土俵で戦うことになります。株式市場はすべての人の前に平等です。したがって、株式投資を始める前に、**最低限の知識と投資判断の技術が必要**です。本書では、そうした点を網羅しているので、ぜひ参考にしてください。

米国株の運用者からスタートした投資家人生

　私の自己紹介をすると、大学卒業後、日本生命保険やフィデリティ投信といった金融機関に勤め、いわゆる「プロ投資家」と呼ばれる機関投資家とし

て2000年から12年までの十数年を過ごしてきました。

　大学では日銀出身の教授のもとで、マクロ経済学や国際金融、コーポレート・ガバナンスを学び、大学3年生の就職活動中に、将来は機関投資家として株式投資に携わりたいと思っていました。

　学生当時から株式投資に興味があった私は、バークシャー・ハサウェイのウォーレン・バフェットに関する書籍やフィデリティのピーター・リンチの著書を通じて個別企業の成長性に注目する株式投資にひかれていました。

　大学卒業後は、投資家の仕事をしたいとの思いから、世界でも大手の機関投資家として知られる日本生命保険への就職を決めました。当時としては珍しかったのですが、最初の配属で資産運用業務に携わることを条件に内定を出してもらえたので日本生命に就職することにしました。

　入社後、同期との数週間の研修を経て、日本生命の中でも、海外資産に投資をする国際投資部の外国株式班に配属されました。国際投資部は、外国株式だけではなく、外国債券やプライベートエクイティ（PE）などのオルタナティブ資産などにも投資をする部署でした。

　就職活動中は、日本株式の運用に携わりたいと希望をしていましたが、新卒最初の配属先は外国株式担当となったのです。新卒の配属でいきなり海外資産の運用を経験することができるという、あとで振り返ってみるとかなり幸運なキャリアスタートとなりました。これが私の機関投資家としての第一歩です。

　外国株式班は、メンバー全体で7人。少人数にもかかわらず、約1兆円を運用していました。主に、米国株式担当と欧州株式担当でチームが構成されていました。私は米国株式の担当として企業調査や発注、売買実績の管理などを担当することになりました。

　新人のお決まりのセクター（産業）は、小売りセクターということで、最初は米国のギャップやスターバックスなどを調査しました。新人アナリストが最初に担当するセクターは小売りというのは、今でも変わらないのではないでしょうか。

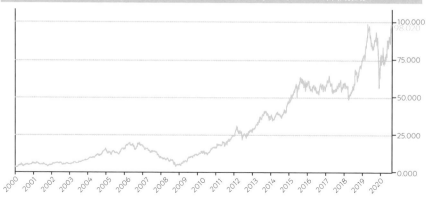

　当時、ギャップに対しては売り推奨、またスターバックスには買い推奨をしたことを覚えています。スターバックスを今でも持ち続けていたら、どれほどすごいことになっていたでしょうか。当時から見れば株価は10倍どころの騒ぎではありません。2000年初めには4〜5ドルであったのが、現在では80ドルを超えているわけですから、20倍近くも株価は上がっていることになります。

　株価が10倍になる銘柄を「**テンバガー（10倍株）**」といいます。**そうしたテンバガーは、知る人ぞ知る銘柄が該当するというわけでなく、誰もが知る銘柄でも、時間とともにテンバガーになる可能性がある**のです。

　2000年時点でスターバックスはすでに日本でもおなじみのブランドでした。スターバックスのような**「誰でも知っている銘柄」**でも、ビジネスモデルが確立していて利益を積み上げていく会社にじっくり投資できれば、時間の経過とともに株価が何十倍にもなるという事実を目の当たりにすることができます。

　小売りセクター以外にも、当時はインターネット株が新人の担当セクターでした。2000年当時のインターネット株は、歴史の浅いベンチャー企業も多く、利益がしっかりと出ている会社も少なかったので、投資先企業として

軽く見られていた印象があります。ヤフーやアマゾン、イーベイなど、テクノロジー企業といっても広告やサービス関連企業はアナリストの入門編という位置づけでした。

当時は、検索サービスとしてのグーグルはありましたが、上場していませんでした。また、現在GAFAの1社であるフェイスブックもまだありません。その後、フィデリティ投信で日本のインターネット企業を分析することになるのですが、米国のインターネット企業を調査した経験は大いに役立つことになりました。

日本生命には2年ほどしかいませんでしたが、自分にとっては非常に内容の濃い2年間でした。というのも、この間に機関投資家としての基礎をみっちり勉強できたからです。

たとえば、情報収集の仕方や証券会社のアナリストが執筆するレポートの使い方、株価が割高か割安かを判断する株価評価（バリュエーション）の手法を習得することができました。

バリュエーションは、**PER**（株価収益率）や**PBR**（株価純資産倍率）などがよく知られる株価評価手法です。会計上の利益や株主資本等をベースに株価を判断します。

その一方で、キャッシュフローをベースに投下資本（企業が事業に必要な投資をしている資産）に対してどの程度のリターンを出しているのかを分析するアプローチ（**CFROI**）は、当時から欧州の機関投資家には注目されていた手法です。

とくに、ロンドンに拠点がある海外大手の運用会社に出向していた上司からは、「機関投資家はこうあるべき」ということについてみっちり教わりました。

その中で記憶に残っているのは、英国でBSE（狂牛病）が騒がれていて、自分が担当していたマクドナルドの株価が大きく下落していたときのことです。どうしたらよいか迷っていました。その上司に相談すると、「**人は忘れる生き物だ**」といわれたのを覚えています。

米マクドナルド（MCD）の2000年初めから2020年11月までの株価推移

　マクドナルドのハンバーガーのパテにはご存じのように牛肉が使用されています。BSEによる顧客離れから、マクドナルドの業績の見通しの悪さを嫌気した投資家が売却することで株価は下落していたのです。

　しかし、マクドナルドのブランドが強力なことと、人間はそのうちマイナスの話は忘れて、再び店に足を運ぶようになるという見方ができれば、絶好の買いのチャンスでもあったのです。**短期的に株価にとってマイナスな状況でも、長期で投資するという視点を持てれば、株価が下落することで買い進めることができた**わけです。

　2000年代初めにBSEの影響を受けたマクドナルドですが、その後の株価を見ればおわかりのように、先にあげたスターバックスと同様に、いわゆる「テンバガー」になっています。

　このように、「**会社の緊急事態（スペシャルシチュエーション）**」でもブランドを信用でき、その後の業績回復を期待することができるのであれば、**大いに儲けることができる**のです。

あこがれのフィデリティに入社

　日本生命に勤務して2年が過ぎようかとしていた2002年初めに、大学時代から憧れていたピーター・リンチがいたフィデリティ投信の日本オフィスでアナリストの募集がありました。フィデリティの投資手法の代名詞「**ボトムアップ・アプローチ**」──投資対象企業をじっくりと調査する手法──を突き詰めたいと考えていた私は、すぐに応募しました。

　フィデリティの採用プロセスは、ファンドマネージャーやアナリストといった一緒に働く人たちとのインタビューが中心です。最後には、特徴的な選考プロセスとして「Pテスト」というものがあります。

「P」の意味ですが、プロスペクタス、つまり見込みがどこまであるかを確認するテストで、実際に具体的な銘柄と調査に必要となる資料を渡され、それに基づいて自分の投資判断をするというものです。

　私に与えられた銘柄は、国内のとある消費財メーカーでした。自分の投資判断をプレゼン資料に英語でまとめ、現役のファンドマネージャーやアナリストたちの前で発表するのは緊張しましたが、それ以上に、当時興味があったのは、彼らがどのような質問をしてくるのか、どのような投資手法を用いているのかということです。

　結論からいえば、当時のフィデリティでは「**何が利益のドライバー（推進力）か**」を突き詰める質問が多かったのです。

「株価を考える際にキャッシュフローが大事」ということはよくいわれますが、そのキャッシュフローの大きな部分を占めるのはやはり**利益**です。

　そこで、「その利益がどこからくるのか」「企業はどのようにして稼いでいるのか」「企業が今後利益を伸ばそうとすれば、どういったデータや指標に注目しておけばよいのか」という点を理解しているのか確認する質問をしていきます。

日本生命でも同じような調査過程がありましたが、フィデリティのほうが収益予想に関してより細かったという印象を受けました。そして、その印象はその後も変わることはありません。実際、収益予想モデルを作成するモデル・ビルディングのスキルはフィデリティで身につけました。

　プレゼンの最後に聞かれるのがバリュエーションです。「今の株価をどう見ているのか」「いくらなら買えるのか」「いくらなら売るのか」といった質問です。バリュエーションは、投資判断とも密接に結びついています。

　フィデリティの「Pテスト」では、バリュエーションについて意外にあっさりしていました。判断の根拠を聞かれたくらいで、あまり大きな議論はしなかったように思います。

　その後を振り返ってみると、本当に何倍にもなる株というのは、**利益の出方が重要**で、利益の出方次第で株式市場のバリュエーションの見方は変わるものということが経験上わかってきて、なるほどなぁと腑に落ちました。

　一方、日本生命では、バリュエーションについて、かなりこだわっていた印象があります。事業活動に関係するアクティブな投下資本に対して、どれだけキャッシュフローを生み出しているかをパーセンテージで議論したり、そのキャッシュフローを割り引く水準（割引率）を議論したりするなど、細かな点まで検討していました。

　バリュエーションは投資判断に欠かせない重要な要素であることは間違いありません。ただ、業績予想は比較的短期間でも状況次第で当然変わってきますし、株式市場の期待値次第で割引率なども当初の前提からブレることはよくあります。プロ投資家でも追いつかないくらい目まぐるしく変わります。したがって個人投資家は、機関投資家の予想を出し抜くために利益予想を必死に行い、それに基づいてバリュエーションを精緻にやったりするよりも、**「今の株式市場が織り込んでいるバリュエーションはどの程度か」「今のバリュエーションであれば、株式市場はどの程度の利益水準を見込んでいるのか」**を知るほうが実際の投資判断に役立つことが多いといえます。私もこうしたことを理解したのは、もう少し時間がたってからのことです。

フィデリティで世界の凄腕投資家たちに出会う

　さて、フィデリティに入って、私が担当したのは**小型株**です。小型株というのは、時価総額が小さな上場企業です。ベンチャー企業であったり、なかなか成長しきれない上場企業であったり、その背景はさまざまです。小型株チームでは、金融業以外はすべて担当の範囲だったので、さまざまな業種の企業を数多く担当することになり、アナリストとしての基礎を身につけることができました。

　入社してしばらくして、当時の調査部長から「米国に『小型株の神様』のような運用者がいるから、彼の下で勉強してこい」といわれました。その運用者こそが**ジョエル・ティリングハスト**です。

　フィデリティのファンドマネージャーというと、日本ではピーター・リンチが有名ですが、米国の小型株で巨額の資金を運用するティリングハストは、フィデリティの社内で「運用年数の長さと実績で見れば、ピーターよりも上だ」と評価する人もいます。

　ティリングハストは、1989年からフィデリティ・ロープライス・ストック・ファンドを運用し、その運用哲学は『ティリングハストの株式投資の原則』(パンローリング[1]) に細かく書かれています。私はそのジョエルがいるボストンのフィデリティの小型株チームで研修を受けることになりました。

　幸運にもボストンに滞在中に、ジョエルが取材するミーティングにいくつも参加することができました。ジョエルのミーティングのスタイルは非常にシンプルです。本人の性格もあると思いますが、基本的にはスピーカーである企業経営者の話をじっくり聞きます。また、経営者から質問されると、静かに自分の考えを答えます。

---

(1) ジョエル・ティリングハスト『ティリングハストの株式投資の原則』(パンローリング)

フィデリティ在職時代に、日本企業のトップマネジメントへの取材を幾度となく行いましたが、経営者がアナリストやファンドマネージャーといった投資家に意見を求めるシーンは稀でした。もちろん、個人差はありますが、経営者が投資家の質問に答えるスタイルが基本です。

　経営者が投資家とのミーティング中に質問することは珍しいと先に述べましたが、そういった稀なシーンで経営者が投資家に聞きたくなる質問というのは、どのようなものでしょうか。

　自分の経営を自慢したい経営者であれば、その内容について聞いてくるでしょう。また、目の前に不安なことがある経営者であれば、一番懸念していることについて質問することもあるでしょう。

　では、投資家にとって意味のある質問はどちらでしょうか。もちろん後者です。経営者が不安なことを投資家に聞くというのは「投資先として心配」なように思われますが、そうでもありません。このことはジョエルのミーティングに参加して気づきました。

　未来のことは事前に誰にもわかりません。ただ、不確実な内容について事前に考えるというのは、投資をする際に意味があります。事前に対応策を考えることもできますし、仮にそうした状況に追い込まれたときに、心の準備ができているだけでも大きな差が生じます。

　経営者から話を引き出すのがうまいなと思ったファンドマネージャーがもう一人います。

　米国のピーター・リンチやジョエル・ティリングハストと並ぶ有名なファンドマネージャーである英国フィデリティの**アンソニー・ボルトン**[2]です。

　ボルトンはフィデリティ・スペシャル・シチュエーション・ファンドを運用していました。先ほどのマクドナルドのBSEのくだりでも「**スペシャルシチュエーション**」という言葉が出てきましたが、アンソニーの著書『カリ

（2）フィデリティは米国とそれ以外の地域で管轄が分かれています。米国ボストンを拠点にしているのがFMR（フィデリティ・マネジメント・アンド・リサーチ）で、米国以外の海外を統括しているのがFIL（フィデリティ・インターナショナル）。FILの本社はロンドンにあります。東京のフィデリティ投信もFILの管轄にあります。

スマ・ファンド・マネージャーの投資極意』（東洋経済新報社）にその定義[（3）]が書かれているので見ていきましょう。

　スペシャルシチュエーションにある企業とは、「純資産、配当利回り、予想 EPS、などの観点から見て株価が魅力的な水準にあり、今後株価に良い影響を与える可能性を有する企業」としており、具体的にどのような会社かも記されています[（4）]。

・回復の見込みのある企業
・大きな成長が期待できる会社
・一般的に価値を認められていない資産を持つ企業
・特別なニッチ市場に特化した製品を持ち、良好な収益が期待できる会社
・買収される可能性がある会社
・再編、または経営陣が交代する可能性のある会社
・証券会社の間であまり調査されていない会社

　こうして見ると、スペシャルシチュエーションは、いわゆる「逆張り」ともいえますし、「バリュー株投資」の要素を含むこともわかります。ただし、基本にあるのは、その会社の価値を重視するという姿勢です。

　さて、米国西海岸の大学院への留学が決まっていた私に、先の調査部長が「留学もいいけど、海外に興味があるのなら転勤してみる？」とロンドン勤務の選択肢を提案してくれました。転勤にあたっては、ロンドンオフィスの人たちとの面接が必要で、アンソニーとも面談をしました。

　面接でロンドンに滞在している間、アンソニーが行う企業への取材にも参加しました。アンソニーのスタイルは、メモをしっかり取りながら丁寧に事業や財務の状況を質問していくというものです。

---

(3) アンソニー・ボルトン、ジョナサン・デーヴィス『カリスマ・ファンド・マネージャーの投資極意』（東洋経済新報社）
(4) アンソニー・ボルトン、ジョナサン・デーヴィス『カリスマ・ファンド・マネージャーの投資極意』（東洋経済新報社）pp.9-10

「予想しないとダメ」という思い込みを捨てよう　　第1章　　21

特徴的なのは、アンソニーがファンドマネージャーとして実績があるだけではなく、人物としても尊敬されており、ミーティングというよりは、お互いが議論を深める場になっていたということです。これは先ほども触れたジョエルと同じような投資家と経営者の関係性です。

　一般的に、投資家と経営者は、資金を投じる側、経営を監視される側という関係で、深い関係を築くのは珍しいといえます。投資家と経営者のミーティングでは、投資家が経営者に質問するというのがありがちなシーンです。経営者は投資家を「事業を知らないやつら」と見ているのか、もしくは「お金の話しかしない、理解しがたい人たち」と見ているのかどうかはわかりませんが、投資家に質問することはあまり目にしません。

　しかし、私がボストンやロンドンで見たミーティングでは、日本での投資家と経営者のミーティングとは雰囲気が異なるものでした。日本でもこうした建設的なミーティングになればいいなと思ったくらいです。

　不思議なことに、大きなリターンを上げている投資家は、数字について細かなミーティングをしているかというと、そうではなく、意外なことに、**ファンダメンタルズ**と呼ばれる企業とそれを取り囲む事業環境などを確認しているのです。

　一言でいうと、いかに偉大な投資家でも、普通の取材であり、普通のミーティングだということです。しかし、企業への取材が普通であればあるほど、彼らのパフォーマンスを何が「スペシャル」にしているのかについては、疑問だけが残りました。

リバースエンジニアリングで見つけた成功した投資家の銘柄選択法

　私は幸いにして、世界を代表する機関投資家に所属することで、凄腕の投資を間近に見ることができました。では、そうした実績のある投資家は、どのようにして投資で成功したのでしょうか。

ただ、現役の投資家に「あなたが成功している投資方法を教えてください」「何がスペシャルなのか」と聞いても、細かく丁寧に教えてくれる人はほとんどいないでしょう。

　理由は簡単です。株式市場での競争相手に成功している方法を教えると、自分が儲けるチャンスを失うことも考えられるからです。実際は、投資家相手に成功の秘訣を教えてくれと聞くこと自体がはばかられます。

　しかし、成功してきた投資家は、率直に質問すると「**ヒント**」を与えてくれます。では、そうしたヒントとはどのようなものでしょうか。私がここまで手にすることができたヒントは大きく分けて3つあります。

・会社の事業を理解しなさい
・会社の歴史を知りなさい
・ROE を意識しなさい

　実は、こうしたアドバイスは、投資経験や金融知識がある人からすれば、「当たり前のアドバイスばかりだな」と思うようなことばかりです。

　確かに、私もこうしたヒントやアドバイスをもらったときは同じ感想を持ちました。証券アナリストであれば、会社の事業を理解することは当然ですし、会社がどんな歴史をたどってきたかを知るのは調査の一環です。これらは決して「スペシャル」な調査のアプローチではありません。

　また、**ROE**（株主資本利益率）は、株式投資家が意識する最も有名な指標ではないでしょうか。話はそれますが、かの有名な投資家、ウォーレン・バフェットも ROE の重要性をバークシャー・ハサウェイのアニュアルレポートで繰り返し指摘しています。「そんな基本的なアドバイスを今さらいわれてもね」という印象すらありました。

　こうした**投資のヒントが本当に重要な意味を持つ**ことに、残念ながら、当初、私にはよく理解できませんでした。

　ところが、一つの試みを皮切りにさまざまなものが見えてきました。

たとえば「なぜその銘柄を買ったのか？」という質問は、シンプルであり、直接的であるがゆえに、投資家になかなか聞けないのは先に見てきたとおりです。ただし、公募の投資信託であれば、公開されている運用報告書などで、彼らが投資している銘柄を知ることができます。

「リバースエンジニアリング」という言葉をご存じでしょうか。リバースエンジニアリングとは、ハードウェア製品などを分解し、その構造やどのような部品で構成されているかを知ることをいいます。

　投資信託（ファンド）の場合であれば、保有する銘柄を分析することで、その運用内容の一端が見えてきます。一般的には、ベンチマークと呼ばれる株価指数に対して、そのファンドの産業（セクター）の比重がどのくらい異なるのか、また、ベンチマークの銘柄構成に対して、どのような銘柄を多く持っているのか（少なく持っているのか）などを見ることで、そのファンドマネージャーの考えの一端を知ることができます。

　通常、ファンドマネージャーは、投資先の銘柄数を絞り込むことで、自分の銘柄選択の自信の度合いを示します。そのため、ファンドにおける保有銘柄数が少ないほうがよいという見方があります。保有銘柄数が多いと、ファンドマネージャーが銘柄選択に自信がないと思われるからです。

　しかし、そんなことはお構いなしに、日本を含むグローバルの株式を数百銘柄、いや1000銘柄近くファンドに入れながらも高いパフォーマンスを出し続けるファンドマネージャーがいます。先ほど見たジョエル・ティリングハストがそうです。数百の銘柄に投資しながら、何倍にもなる株を多数見いだすファンドマネージャーです。

　数百銘柄にも投資をしていて、なぜ何倍にもなる株に出会えるのだろうかと、フィデリティにいるときから疑問に思っていました。

　ポートフォリオの保有銘柄が数百に及ぶというのは、事前にそれぞれの銘柄について調査をし、投資判断をした上で投資を実行し、そのメンテナンスをするということです。それだけでも負荷はかなり大きいでしょう。上場企業は四半期、つまり3カ月ごとに決算があり、ファンドに組み入れられてい

る数百銘柄について各決算をフォローするのは、体がいくつあっても足りません。

　もっとも、一つのファンドを複数人で運用していることもあるので、必ずしも一人ですべて調査しているわけではありません。しかし、実際に運用に携わってきた経験からすれば、数百にも及ぶ投資先すべてに対して十分に目を行き届かせるのはかなり難しい仕事だといえます。

　そこで、「株価が何倍にもなる銘柄にたどり着くには、何か法則がある」と考えるようになりました。そして「それは**実績を分析することで、そうした銘柄を見いだす確率を上げている**のではないか」と思い至ったのです。

　この仮説を確かめるために、ファンドに含まれる日本企業をリストアップし、過去からの業績やバリュエーションを確認しました。

　ファンドには、日本株も含まれていましたが、日本株といっても、その多くは中小型株です。「いったいこの会社は何の事業をしているのか？」とさっぱりわからないような銘柄もありました。日本人でもこのざまです。

　しかし、一つだけはっきり見えてきたことがありました。それは、ファンドに組み入れられている銘柄の過去の業績を見ると、以下のような共通項が浮かび上がってきたことです。

・毎年の業績のブレはあるが（つまり減益もある）、当期純利益の赤字がない企業が多い
・バランスシート（貸借対照表）を見ると、比較的財務体質のよい企業（たとえば株主資本比率が高い銘柄、見方を変えれば借入比率の小さな銘柄）が多い
・ROE が高い銘柄が多い
・バリュエーションが安い銘柄が多い

　こうしたリバースエンジニアリングの結果について、日本人で中東の巨額資金を運用してきたファンドマネージャー経験者に聞いたことがあります。

このファンドマネージャーは、「**ブルーチップ（優良株）投資**」と呼ばれる優良株への投資で大きなリターンを上げてきた投資家です。

彼のコメントで最も印象深かったのは、「過去の実績がしっかりしている会社が将来もよい結果を残す可能性は、過去に実績のない企業や、過去に冴えない業績しか上げていない企業に比べると高い」というコメントです。このコメントを最初に聞いたときは、「当然じゃないか」と思ったものです。

しかし、株式投資では、将来成功する可能性がより高い銘柄に投資をするというのが鉄則です。であれば、**会社の将来「予想」よりも過去「分析」に時間をかけるべきだ**と考えが変わっていきました。

「アナリストの将来予想はあてにならない」という指摘はよく耳にします。私自身、企業の業績予想をする中で、現時点で入手できる情報や調査をもとに最大限の努力をして予測してきました。しかし、マクロ経済環境や市場環境は時々刻々と変化します。そうした変化し続ける「動的」要因を完全に織り込んで予想するというのは不可能です。

ところが、過去の業績や財務内容という「静的」内容を分析する場合は、時間を費やした分だけ企業に対しての理解が深まります。その点に関しては、自分以外の市場参加者に対する優位性を高めることができるでしょう。

先の日本人ファンドマネージャーに、「過去の公開情報を分析するだけであれば誰にでも（今では機械も含まれるでしょう）できるので、機関投資家の競争優位はどこに残るのでしょうか」と質問を続けました。

「過去の業績がよかった企業は、株式市場も効率的なので、この瞬間においても評価されている。だから、よい銘柄であっても、いつも投資妙味があるわけではない。したがって、**ブルーチップでも、いつも買いというわけではなく、どのタイミングで買うのかが重要**。常に自分で買いたい銘柄のリストと買いたい株価（目標株価）があるのが理想だ。その準備ができているかどうかがプロとアマの大きな違いだ」といわれました。

では、どのようなタイミングが買いなのかと質問をすると、次のように返ってきました。

「あまり教えたくはないけれども、『減益』はチャンスであることが多い。その減益が企業固有の原因によるものなのか、もしくは景気によるものなのかを見極める必要がある。仮に景気によるものであれば、絶好の買いのチャンスになる。株式市場はブルーチップの『減益』にとくに厳しいが、それは大目に見ていい。ただし、景気が悪くなったからといっても最終赤字はダメだ」

そして、なぜ最終赤字はダメなのかも質問しました。

「株主資本が棄損するからだ。ブルーチップの神髄は ROE の水準が高く、株主資本が毎年積み上がることにある。株主資本が積み上がる中で、株価の上下はあるが、その底値が切り上がっていく。BPS（1株当たり純資産）が切り上がってくると、株価の下値も切り上がっていく。

だから、過去の利益動向や減益の理由を調べるのには意味がある。ROE の水準が高ければ、株主資本が積み上がるペースが速いことは簡単に理解することができるだろう」

長期投資を前提とする投資家に ROE を重視する人が多いのは、こうした継続的な利益の積み重ねが株主資本の拡大をサポートすることを知っているからです。世界で最も有名な投資家といわれるウォーレン・バフェットも ROE にこだわることで知られていますが、これも同じ理由です。

このように、パフォーマンスがよいファンドの銘柄群をリバースエンジニアリングすることで、世界で成功した投資家がこだわるポイントが「業績」や「ROE」という企業の「過去」であることがわかります。

ボトムアップ・アプローチの神髄は「将来予想」ではない

株式投資というと、「会社の将来の姿、業績を予想するのが当然」と考える投資家が多いのではないでしょうか。

これは「上場企業の株価は、その企業が稼ぎ出す将来のキャッシュフロー

に基づいた企業価値によって決定される」という考えによるものです。証券アナリストである私もそのアプローチに基づいて仕事をしてきました。

　証券アナリストの仕事は、主に「過去分析」と「将来予想」です。そしてアナリスト業務の現場で、より重視されているのが「将来予想」です。それを代表するのが、アナリストによる将来の業績予想を集計して、その平均値を見る「市場コンセンサス」になります。コンセンサスの変動が短期的に株価に影響を与えることから、株式市場での短期的な将来予想が重視されることがわかります。

　しかし、ここまで見てきたように、将来、何倍にもなる銘柄、いわゆる「X倍株」を引き当ててきた投資家の考えや、彼らのポートフォリオに含まれる銘柄を分析すると、**「過去」データに共通項があり、その基準をもとに銘柄を選べば、必ずしも将来を予測する必要はない**ということが見えてきます。

　現在は、インターネットを通じて企業業績に関する公開情報に誰でもアクセスできるようになりました。過去の業績分析という点では、機関投資家に限らず、個人投資家でも十分に挑戦することができる環境になったのです。

　では、高いパフォーマンスを上げている機関投資家は、すべての時間を過去分析に費やしているかというと、そうではありません。

　私は過去、フィデリティ投信の小型株チームにいましたが、その際、上司に口酸っぱくいわれたのが「**株式投資で最も重要なのは"変化"をとらえることだ**」ということです。この変化というのは、大きくは経営者の交代によって企業戦略が変化することに始まり、最終的には業績が変化するまでの幅広い「変化」のことです。

　いち早く企業の変化に気づき、将来、その影響が株価に対して大きそうだと判断できれば、株式の売買へとつながります。そうした**過去の延長戦にない「非連続の変化」をとらえて投資機会に結びつける**ことが機関投資家の存在意義でもあります。

　企業の非連続の変化をとらえて投資するアプローチは、先ほども見たように、海外では「**スペシャルシチュエーション投資**」として確立されています。

機関投資家は、個人投資家とは異なり、経営者やIR（インベスター・リレーションズ、投資家向け広報）とミーティングを持つことができます。そうした接触の中で、企業のさまざまな変化を知る機会が多く設けられています。一方、個人投資家には、そうした機会が必ずしも平等に与えられているわけではないので、一見不利に見えます。

　ただ、企業にとっての大きな変化は、そう毎日起きるわけではありません。もし、そうでなければ、同じ銘柄への長期投資などは行いにくくなります。したがって、社長交代やビジネスモデルの変更というような大きな変化は数年に一度程度と割り切ることも大事かと思います。

　実際、スペシャルシチュエーション投資では、「会社が変わった」ことを確認してから投資をしても遅くないケースがあります。個人投資家は、その都度、判断するととらえてもよいのではないでしょうか。

　ウサギとカメの寓話を投資に当てはめると、こうなります。

　ウサギとカメの話は誰でも知っていることでしょう。足の速いウサギは初めのうちは歩みの鈍いカメを大きくリードします。しかし、途中でカメのペースを軽く見て、簡単には抜かれまいと途中で走るのをさぼり、休憩します。しかし、最後には着実に歩みを進めてきたカメに抜かれてしまうというストーリーです。

　実は、これは株式投資にも当てはまる内容です。

　メディアで話題になりやすいAI（人工知能）などの先端技術を活用していたり、スマホアプリを活用した目新しいサービスなどを展開したりするベンチャー企業の株価は、時として短期間に大きく上昇することがよくあります（もちろん大きく下落することもあるのですが）。

　株式市場では、そうした目立つ企業について一時的に熱狂的な反応を示すことがよくありますが、時間とともに冷静な判断を下していくことになります。メディアでの報道や話題ばかりが先行し、業績を伴っていない場合には、株価はじりじりと下がることも少なくありません。

　もちろん、そうした銘柄に目を向け、短期的に売買を繰り返すトレーディ

ングに注目する投資家もいるでしょう。また、そうした投資で儲かる人がいるのも事実です。もっとも、短期売買を繰り返す投資家の「人数」自体はそれほど多くありません。

2019年の日本証券業協会の「個人投資家の証券投資に関する意識調査について」の株式保有者の平均保有期間を見ると、デイトレーディングを意味する「1日」だけの割合は、全体の0.3%。また、2日から1カ月未満では、全体の3.7%と、両者を合計しても約4%程度です。

また、同調査では10年以上の保有期間の人が全体の24%を占めています。これには、株価が上がらず塩漬けになっているケースや、相続で保有しているケース、また配当や株式優待などを狙い、必ずしも株価上昇というキャピタルゲイン狙いではないケースも含まれていますが、「結果として」多くの日本の個人投資家は長期の投資家といえます。

では、10倍株といわれるような株を手にするためには、短期投資、長期投資のどちらが最適なのでしょうか。

短期売買では、1回の投資で株価が何倍にもなることは難しいでしょう。同じ銘柄を長期でじっくり保有することで「X倍株」が自分事になるわけです。

短期売買を繰り返し、それらで成功すれば、資産を大きく増やすことも可能です。信用取引などを通じて、いわゆるレバレッジ取引をしている場合には、うまくいけば大きな資産を築くこともできます。

また、信用取引をしないまでも、自分にとってなじみのある銘柄に対して、株価が買値から2～3%程度上昇したら売却することを繰り返す、という投資をしている投資家も少なくありません。自分がよく知る銘柄に投資すること自体は悪くありませんが、かなり忙しい投資といえます。**自分が忙しい投資は、投資ではなく、投機ともいえる**でしょう。

こうした投資手法やアプローチは、多くの人にとってはとっつきにくく、手を出しづらい投資です。結果として、投資を身近に感じることができないというのが実際のところではないでしょうか。

では、どのようなものが、初心者でも受け入れやすい投資へのアプローチといえるでしょうか。

　一言でいえば、**継続的に利益を生み出し続ける企業を長期で保有する**というアプローチです。

　このアプローチには、どのようなメリットがあるのでしょうか。

　投資先企業が継続的に利益を計上できるようなビジネスモデルを持っているとすると、たまに減益の年はあるかもしれませんが、毎年毎年、株主資本が積み上がっていくことになります。その中で株主価値が拡大するダイナミズムを体験することができます。

　また、売買を繰り返さないということで、売買手数料も必要ありませんし（最近のネット証券ではその手数料自体もほとんどかからなくなっていますが）、投資信託のように信託報酬として運用費用がかかることもありません。

　投資期間は人それぞれですが、投資をした資産がリターンとともにさらに増えていくという**複利のメカニズム**を、株価上昇を通じて体験するには、ウサギよりもカメのスタイルの投資家のほうが合っているといえます。

機関投資家でなくてもできる「過去を学ぶ」スタイル

　株式投資を始めるにあたっては、「毎日、株価をチェックし、四半期に一度の決算をチェックしなければならない」と考える人もいるでしょう。確かに、株式投資をするにあたっては、株価は見ないよりも見たほうがいいですし、決算も確認しないよりは確認したほうがいいと思います。

　しかし、普段は仕事が忙しい「働く世代」が株式投資をするとなると、株価や決算をいちいちチェックする時間などないという方も多いでしょう。そうした忙しい現役世代にとって便利なのが、ここまで見てきたような、「**過去を分析し、投資判断をする**」スタイルです。

　世界でも著名な機関投資家といえども、過去データに基づいた分析を重視

しているのはこれまで見てきたとおりです。

　将来予想について、自分の業績予想が市場コンセンサスよりも上か下かという基準は、短期的には重要であるとの指摘には同意します。しかし、個人投資家は、そうした短期予想では機関投資家に比べて優位性がないため、将来の業績予想をいったんは無視し、過去分析に時間をかけるほうがいいというのが本書の狙いです。

　こういうと、「過去を分析することで、いわゆる『優良銘柄（ブルーチップ）』を抽出することはできるが、いつが買いどきなのか、また、いつが売りどきなのかはわからない」という指摘もあるかと思います。これはバリュエーション（株価評価）に関係する問題です。

　バリュエーションについても、個人投資家が自ら業績予想を精緻に行えるわけではないので、機関投資家に比べて優位性がないという前提に本書は立っています。そのため、業績予想は、会社による業績予想や、もし必要があれば、インターネット証券口座の無料サービスを使って、証券会社に所属する証券アナリストの業績予想を使うことを前提にしています。

　そしてそのバリュエーションも、**過去のレンジ（範囲）を参考にすることで投資判断に生かします**。今のバリュエーションと過去のバリュエーションレンジとを比較して、「今のバリュエーションは過去のレンジで見たときにどの位置にいるのか」というのを把握することに努めるのです。

　こういうと、「成長株の場合、PERのような利益をベースにしたバリュエーションでは、過去のレンジは参考にならない」というようなコメントも返ってきそうです。もちろん、利益成長率の期待が大きく切り上がることで過去のPERのレンジを超えていくことはあります。

　ただ、個人投資家にとっては、稀にあるバリュエーションの切り上がりシーンを前提にするのではなく、**レンジ内での投資判断を心がけることが着実にリターンを手にする近道**だといえます。

　もっとも、利益成長率が期待以上で、バリュエーションが切り上がることによる株価上昇は、株式投資家にとっての醍醐味の一つではありますが、そ

の一方で、過去のレンジから外れた場合には、いつ降りたらよいかわからないという状況に直面する危険もあることを、併せて認識しておきたいものです。

　また、スペシャルシチュエーションと呼ばれる投資でも、過去のバリュエーションのレンジを参考にすることになります。過去のPBRの最低水準と比較して、現在の水準はどの程度で、また、通常に戻ると、どの程度の水準にまで回復してもおかしくないかというように、現在の水準を過去のレンジと比較しながら把握します。このように**「過去を学び、今を知る」**ことで、**今後のバリュエーションの可能性を把握できる**のです。

個人投資家が日本の株式市場を変える力を持つ

「世界の投資家から見ると、日本の株式市場はめちゃめちゃ重要かといえば、そうではない」

　こういうと、日本人の中には異議を唱える人もいるかもしれません。

　世界の株式市場の株価指標にMSCI ACWI Indexがあります。先進国と新興国を含めた世界株式のベンチマーク（基準）として有名な株価指数です。このインデックスには、米国や日本を含む先進国23カ国、そして中国やインド、ブラジル、ロシアを含む新興国の26カ国が含まれています。

　このMSCI ACWIにおいて、2020年1月時点で、米国の比率が56％、日本が7％、英国が5％、中国が4％となっています。日本は米国に次いで第2位の市場となっていますが、グローバルで見たときに約6割を占める米国市場をどうとらえるかが当然ながら最も重要です。日本の株式をまったく保有しなくても7％分しか影響がないともいえます。

　また、日本の株式市場は典型的な「循環市場（シクリカルマーケット）」といわれ、たとえばTOPIXでは、バブル経済崩壊後は800〜1800ポイントの間を行ったり来たりするのが特徴になっています。したがって、外国人投

資家からすると、日本の株式市場はトレーディングをするのには向いているが、長期投資をする市場には向いていないと判断する傾向があります。

実際、日本取引所グループのデータによれば、外国人投資家（外国法人等）の日本株の保有比率は全体の約3割程度を占めており、日本の事業法人、信託銀行、個人、その他と比べて多いにもかかわらず、株式の平均保有期間は個人に比べて短くなっています。外国人投資家からすると、日本の株式市場は長期投資を行う場というよりは、トレーディングをする市場に近いといえます。

外国人投資家が日本の株式市場をトレーディングの場としているので、日本の個人投資家もトレーディングをすべきかといえば、そうではありません。

ただし、最大の投資家である外国人投資家がトレーディングをしていることから、**彼らの売買動向次第では投資機会がある**といえます。彼らが売り叩くときは思いのほか安く買い付けることができるかもしれませんし、彼らの買いのトレンドに乗じれば期待以上のリターンを生み出すことができそうです。こうした意味でも、外国人投資家の動向は重要であることには変わりがありません。

外国人投資家が日本の株式市場でトレーディングをする一方で、日本の個人投資家が長期に成長する企業に集中投資をしていけば、日本の株式市場はさらに洗練された株式市場になっていく可能性を秘めています。

以前から日本の証券市場に上場する企業数が多すぎるという指摘や、東証1部の上場基準の厳格化などが話題になっていますが、株価指数が長期的に上昇トレンドに向かうような取り組みも大切で、今後、日本の株式市場を循環市場から「循環成長市場（シクリカルグロースマーケット）」へと変えるポイントになります。その際に、個人投資家が、いち早く変わる株式市場で、有望な銘柄に長期投資をすることができれば、それは日本の株式市場を変える力になるでしょう。

第 2 章

歴史を学べば誰でも
優良企業に出会える

2、3年の実績ではわからない、少なくとも過去10年を振り返る

　株式投資を行う際、最初に集める情報といえば、過去の決算情報というのは、投資に慣れてきた人であれば同意いただけるのではないでしょうか。

　ただ、過去2、3年の決算書だけを見て、あらゆることがわかるようになるものではありません。直近の決算はもちろん重要ですが、可能な限り過去の決算をさかのぼっていくことで、決算書もさらに使える情報になります。経験上、**少なくとも10年くらい振り返る**と、直近の決算からは見えてこないことが見えてきます。

　私がフィデリティ投信勤務時代にお世話になり、私の投資のメンターというべきベテランのファンドマネージャーであった山下裕士氏も著書で以下のように述べられています。[(1)]

「株式市場はほぼ10年サイクルで動いている。例外もあるが、より正確にいうと8〜12年のサイクルである。1つのサイクルに上げ相場と下げ相場があり、それぞれに序盤・中盤・終盤という局面がある」

　株式相場と景気は必ずしも連動するわけではありませんが、このように10年程度の決算書を振り返ってみると、景気の山谷を含んでいる可能性が高く、**長期的な売上高の成長率、収益の安定性といった定量的な企業の特徴が見えてきます。**

　たとえば、10年近くの長期的な成長率と直近の3年のそれとを比較して、現状はどうなっているのか、また、利益率は向上しているのか、悪化しているのかなどの傾向を確認することができます。

　仮に成長率や収益性が変化しているのであれば、その背景は何なのかを考えるきっかけになります。景気の影響なのか、その企業の理由によるものか

（1）山下裕士『伝説のファンドマネージャーが見た日本株式投資100年史』（クロスメディア・パブリッシング）
　　pp.5-6

などです。

　もっとも、こうした行動はアナリストがする一般的な分析です。何か特別な行為というわけではありません。

　一方で、強調したいのは、**定性的な要因の分析**です。10年というのは、景気の山や谷や会社の事業の好不調が何回か含まれていてもおかしくない期間です。そうしたマクロやミクロ環境の中で、企業にとって好ましくない条件下でも当期純利益を維持し続けているのかどうかという**利益計上へのこだわり**や、景気が悪化した際の**会社の対応力**といった定性的な側面までが見えてきます。

　たとえば、**どんな経済環境でも、当期純利益が出ていること**は注目に値します。これは一つに、経営者が赤字にしない努力をしたという証拠であり、株主であれば「ありがたい」というほかありません。

　また、競合企業が収益を悪化させて赤字であるような環境下でも、黒字を維持できているのは、経営者の努力以外に、**ビジネスモデルという事業そのものに秘密がある**との仮説を立てて調査をすることもできます。

　そのような視点で過去を分析することで、短期的な決算書を分析するのとは違った視点を得られるのが長期間の決算分析のよいところです。

　こうした過去の分析は、企業が有事に直面した際に、「その企業に投資をしていて本当にいいのか（**長期投資対象としての判定**）」や「生き延びることができるのか（**生存可能性の判定**）」「よくない状況から他の企業と比べていち早く抜け出すことができるのか（**競合企業比較の判定**）」などを判定するのに役立ちます。

　また、過去の分析を通じて「過去にできたことは、将来もまたできるであろう」という再現性を期待させてくれるのと、「過去に一度もやったことがない経営陣よりも、やったことがある経営陣のほうが信用できる」という実現性への期待があります。

　期待は期待にすぎないという声もあるでしょう。しかし、過去を分析することで、企業が有事に直面したシーンが何度かあり、そこから立ち直った実

績がある場合には、その企業の優位性を見いだすべきです。

決算書を簡単に理解しておこう

　決算の話を進めていく前に、決算書について簡単に説明しておきましょう。

　決算書と一口にいっても、四半期決算ごとにすみやかに開示される「**決算短信（短信）**」と、詳細な決算情報を確認することができる「**有価証券報告書（有報）**」の2種類があります。

　直近の決算情報などを知りたい場合には「短信」が便利です。また、通年の決算についての詳細な情報が欲しい場合には「有報」が便利です。以前、有報は、企業のウェブサイトには必ずしも掲載されていませんでした。ただ、今では企業のIRページに掲載されているので、投資家からすれば便利になったものです。

　さて、決算書では、見るべき3つの項目があります。これら3つをまとめて**財務三表**とも呼ばれます。

・損益計算書
・貸借対照表
・キャッシュフロー計算書

　これらがどのようなものか、一つずつ簡単に見ていきましょう。

　損益計算書は、一言でいえば、企業と経営者の「1年の成績表」です。企業が年間の事業活動を通じて、いくらの売上高があり、費用がいくらかかり、利益がいくらあって、税金をいくら支払い、最終的な利益がいくら残るのかを知るための資料です。流れを意味する「**フロー**」と呼ばれます。アナリストが足元の業績の良し悪しを判断する際に使用するのが、この損益計算書です。

貸借対照表は、一言でいえば、企業活動の歴史が反映された一時点での資産の内訳と資金調達の構成を示した資料です。損益計算書が「フロー」といわれるのに対して、蓄積を意味する「**ストック**」と呼ばれます。

　貸借対照表は「**左側が資産**」で「**右側が株主資本と負債**」という構造になっています。会社の資産がどのような資金調達で構成されているのかがわかります。そして、この構成で会社がどのような資本政策を意図しているのかもわかります。

　また、株主資本は、過去の当期純利益から配当を差し引いたものが蓄積されてきたものです。株主資本を英語では Equity（エクイティ）と訳されますが、Stock（ストック）とも呼ばれ、まさに過去の利益の積み重ねといえます。決算が当期純利益であれば、株主資本は増えますが、最終赤字となる当期純損失であれば、株主資本は減ってしまいます。

　キャッシュフロー計算書は、一言でいえば、お金の流れです。損益計算書も「フロー」で、会計上の費用や利益を見るものですが、キャッシュフロー計算書は実際の「お金」の流れを見るものです。キャッシュフロー計算書は、「**営業活動によるキャッシュフロー**」「**投資活動によるキャッシュフロー**」「**財務活動によるキャッシュフロー**」というように活動ごとに3つに分かれています。

　売上が好調で、在庫が減って現金が入ればキャッシュフローはプラス、在庫が増えればマイナスというように、常に現金をベースに考えます。保有している株式などを売却して現金が入ってくればプラス、設備投資をすることでお金が出ていくことはマイナスです。

　また、銀行から借入をして現金が入ってくればキャッシュフローはプラス、借入を返済すると現金が減るのでマイナスになります。

　最終的には現金および現金同等物の増減が示され、その数値が貸借対照表に反映されることになります。

　このように、財務三表はそれぞれに連動していて、企業活動をお金というモノサシで見た大きなシステムといえます。企業活動に応じて変化する動的

なシステムです。いずれも重要な決算情報ですが、やはり投資判断をする際に最も注目されるのは**利益**です。

利益の連続性と利益率が語り掛けるもの

　利益を長期的に分析するには、どうすればいいかを見ていきましょう。

　過去の決算書の中で、確認すべきポイントは何かといえば、以下の2点をあげたいと思います。

・過去赤字になったことがあるかどうか
・利益率はどの程度か

　赤字を損益計算書の中のどの段階でとらえるのかという議論はありますが、ここでは株主にとって最も重要な**当期純利益**に注目したいと思います。

　当期純利益とは、先にも見てきたように、企業が1年間にわたって事業を行う中で、売上高から売上原価や人件費などのさまざまな経費を差し引き、税金を支払ったあとの利益です。その利益の中から株主に配当が支払われます。したがって、株主にとって最も重要な利益といえます。

　この当期純利益がプラス、つまり黒字であれば、企業としては事業をしてきた意味があります。またマイナスの場合（当期純損失）には、事業を通じて損失が出てしまったということになります。当期純利益であれば、株主資本が積み上がって、企業価値が上がることになります。

　ここが理解できれば、当期純利益を計上し続ける重要性がおわかりになると思います。投資家の投資価値を考えれば当たり前ですが、当期純損失はないほうがいいのです。

　株式市場では、「減益」、つまり昨年度と比較して利益が減少してしまうことをすごく嫌がります。事業が好調だった企業の業績が一転し、減益に転じ

るなどと報道されると、株価が大きく下落するというのはよくある話です。

　減益は増益に比べると株式投資にとって残念な状況ではありますが、そこまで悲観的になる必要はありません。なぜなら、減益であっても当期純利益が出ていれば、株主資本を積み上げることができるからです。

　私自身、この意味に気づくまでにずいぶん時間がかかった気がします。自分が機関投資家時代に担当し推奨していた企業が減益になると発表した際に、株価は決まったように大きく下落したものです。そして、そのたびにがっかりしたものです。

　一方で、第1章で紹介した、日本株のブルーチップ投資で成功した投資家は、減益の決算発表を見て、「絶好の買いのチャンスが来ましたね」と喜んでいました。減益でも当期純利益を計上できれば株主資本は増加するので、満足はしないけれども、とりあえずはよしとするのです。

　株式投資でよく目にするROE（株主資本比率）は、当期純利益を株主資本で割った値です。ROEを見れば、株主資本がどの程度の割合で増加していくのかがわかります。

　たとえば、ROEが10％の企業であれば、1年たつと株主資本が10％増えていることになります。毎年ROEで10％を実現できる企業だとすれば、約7年で株主資本は2倍になります。

　しかし、当期純損失となれば、過去に積み上げた株主資本を棄損してしまいます。ROEもマイナスです。過去に赤字になっている企業の将来は、投資家から見ると、途端に読みにくいものになってしまうのです。

　さて、利益率についてはどう見ればよいでしょうか。利益率については2つの見方ができます。

・利益率は高ければ高いほうがいい
・利益率が高いのにはわけがある

　利益率にはさまざまなものがありますが、通常の事業をする中での収益性

として、ここでは**営業利益率**を見ていきます。営業利益率の水準は高ければ高いほうがよいです。

　日本の製造業は不思議なことに、リーマンショックの前には、「営業利益率でとりあえず5％を目指す」という時期がありました。

　しかし、5％程度の水準では、為替レートが大きく変動するとか、需要が減退し工場の稼働率が短期的に落ちたりすると、あっという間に営業損失となってしまいます。こうなると、経営者として手を打とうにも選択肢は限られてきます。

　いかなる状況でも当期純利益を計上しようとすれば、営業利益率が高いのに越したことはありません。

　10年程度の決算を振り返ることで、現在の利益率の水準が過去の範囲のどの位置にあるのかを確認することができるでしょう。

　また、営業利益率は競合企業と比較できます。競合企業よりも高ければ、ブランドやオペレーションに強みがあるという仮説を立てることができます。そして、利益率を見る上で重要なのが、**圧倒的に利益率の高い企業にはビジネスモデルに何か秘密があるという仮説を立てる**ことができることです。

　産業ごとに利益率の水準は異なるものの、特異に利益率が高い企業は存在します。そのような企業は、ビジネスモデルに何か大きな強みがあると期待することが可能です。

　個人的な経験でいえば、日本企業の場合には、セクター（産業）にもよりますが、営業利益率が10％を超えると、セクターを問わず投資対象として注目すべきです。さらに20％を超える場合には、どのようなビジネスモデルなのか深く調べてみたくなります。

リーマンショック時に赤字でなかった企業群は宝物

　さて、ここまで決算書の見方やその分析の仕方などを見てきました。その

中で、決算書を 10 年程度振り返りましょうといいました。その理由は、長期的な決算から企業の収益性や、景気の山や谷における利益の出方の特徴を見るという目的がありました。

　もう一つ重要なポイントがあります。それは、**マクロの経済環境が「最悪」だったときに、その企業の決算はどうであったかを確認する**ということです。

　過去、経済環境が最悪だったということで思い出されるのが **2008 年のリーマンショック**です。米国のサブプライムローンバブルのつけが回り、世界の金融システムが止まって、世界的な不況が訪れたのです。その結果、多くの企業決算が赤字となりました。

　ただ、過去 10 年の決算書では、リーマンショックが含まれる 2008 年度決算はもはや含まれません。リーマンショックは、10 年以上も前の話となってしまいました。したがって、当時の決算がどうであったのかを知りたければ、あえて見にいくことが必要です。

　では、リーマンショックの影響があった 2008 年度の決算をあえてチェックするメリットはどこにあるのでしょうか。

　リーマンショックのような最悪の状況をどうやり過ごしたかというのは、**企業の収益性や経営者の手腕を確認するまたとないチャンス**です。また、**収益性や財務体質のストレステスト**もチェックできます。これはまたとない機会だからです。

　もっとも、リーマンショックからはすでに 10 年以上が経過しているので、当時の経営者はすでに交代しているかもしれませんが、収益性や財務体質といった企業の質を確認することはできます。

　日本は製造業の競争力があるといわれて久しいですが（もはやその印象も薄れていますが）、日本を代表するメーカーであるトヨタ自動車もリーマンショック時には営業損失を計上することになりました。

　リーマンショックによる影響がさまざまな産業に波及していた 2008 年の年末に近い頃、私は自動車メーカーの生産設備向けロボットを納入する機械メーカーの決算説明会で、その会社の社長に「トヨタが今期、赤字になった

ら御社はどのような対策をしますか」と聞きました。まだトヨタが赤字の決算予想を発表する前でしたが、その社長は「トヨタが赤字になることはないでしょう」と笑いながら答えました。

その後、しばらくしてトヨタは赤字の業績見通しを発表することになりました。当時は、自動車産業の関係者でも、トヨタ自動車が赤字になるなんてことはありえないという思いが強かったのです。トヨタ自動車は、生産が「リーン」（無駄がないこと）だといわれ、あらゆることに機動的に対応できると思われていたわけですが、有事には対応しきれなかったのです。

一方で、事業内容は一見、地味ではあるものの、リーマンショックの影響を上手にやり過ごしてきた企業も多数存在します。リーマンショックのあとでも当期純利益を計上してきた企業です。

当期純損失は株主資本を毀損します。株主資本が減ってしまうことを株主は決して喜べません。最悪の事態に対して、株式投資家は減益を受け入れざるをえませんが、それでも**利益を出し、株主資本を積み上げることができる企業は投資家にとって宝物**なのです。

個人投資家のみなさんは、そうした企業のリストを用意しておき、なんらかのパニックで大きく売られたときに、いつでも買い出動ができるように準備しておくことをおすすめします。

日本を代表する企業で歴史を学ぼう

では、日本を代表する企業が、過去はどのような実績であったのかを見ていきましょう。リーマンショックを含めた10年以上の実績について見ていきます。

トヨタ自動車、ファーストリテイリング（ユニクロ）、オリエンタルランド（東京ディズニーランド）、ダイキン、ユニ・チャームの5社をピックアップしました。過去の決算を分析するポイントを振り返る上ではよいサンプル

だと思います。

　過去の決算を見る際に注意しておきたいポイントは以下の点です。

　・当期純損失の決算期があるかどうか
　・営業利益率の水準はどうか
　・株主資本の比率はどうか
　・ROE の水準はどうか

トヨタ自動車

　先にも触れたとおり、リーマンショックの影響があった 2009 年 3 月期に、トヨタ自動車は営業損失、当期純損失に陥りました。

　また、東日本大震災の影響もあり、2012 年 3 月期は減益に転じますが、その後は堅調に回復していきます。しかし、2016 年 3 月期以降は利益が伸び悩んでいます。

　営業利益率はリーマンショック以降改善傾向となり、10％程度に達しましたが、その後は低下しています。生産に強みのあるトヨタ自動車ですが、この期間で見れば 10％あたりが天井のようです。

　トヨタ自動車の株主資本は、当期純利益の積み上がりによって増加傾向です。株主資本比率もそれに伴って上昇傾向にありますが、まだ 40％程度といった水準です。

　トヨタ自動車の ROE に関しては、リーマンショック前の 2008 年 3 月期に 15％あったものの、それ以降はその水準をクリアしていません。

　株主資本比率は上昇しているのに、ROE が低下している状況では、株主（とくに外国人株主）から、増配などの資本政策のプレッシャーが少なからずあるでしょう。

　日本の上場企業の中で時価総額が最も大きく、文字どおり、日本を代表する企業であるトヨタ自動車がこの水準の ROE だとすると、日本株への注目度も残念ながら低くなってしまいます。

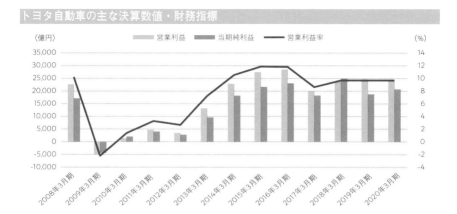

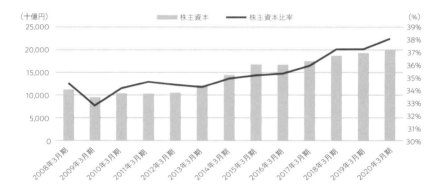

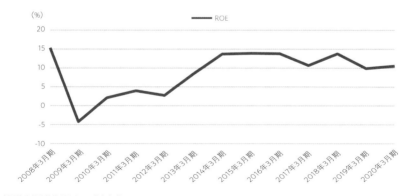

（出所）会社決算資料をもとに著者作成

ファーストリテイリング

　みなさんおなじみの「ユニクロ」を運営するファーストリテイリングです。リーマンショック後も利益を上げてきました。営業利益率に関しては、2010年8月期にピークとなり、16%を超えています。

　しかし、その後は下落傾向で、2014年や2016年8月期には営業利益が10%を割ることになります。さらにその後、改善傾向になって10%を超えたものの、残念ながら過去のピークには及んでいません。2020年8月期は新型コロナウイルスの影響で再び10%を下回っています。

　ファーストリテイリングの株主資本は、当期純利益の積み上がりによって拡大してきました。2016年8月期は為替レートが期首に比べて円高になり、外貨建保有資産の換算差額が減少した決算となっており、株主資本が目立って減少に転じています。しかし、その後は当期純利益を積み上げながら拡大を続けています。

　また、株主資本比率はピークで6割台半ばに達していました。その後は低下したものの、5割程度を維持しています。

　ROEは、2016年8月期に一部事業や店舗の減損などを実施した結果、悪化しました。また、2020年8月期も新型コロナウイルスの影響で10%を若干下回っていますが、それらを除けば概ね15%を超える水準を達成しており、株主に対してのリターンはしっかりと管理されている印象を受けます。

オリエンタルランド

　東京ディズニーランドなどを運営するオリエンタルランドです。営業利益の拡大とともに利益率も大きく伸びてきました。

　オリエンタルランドの特筆すべきポイントは、やはり利益率の高さです。もっとも、テーマパークは装置産業ということもあって、入場者数が増え、客単価も上がれば利益率は上昇することになりますが、これも顧客ニーズがあっての話です。

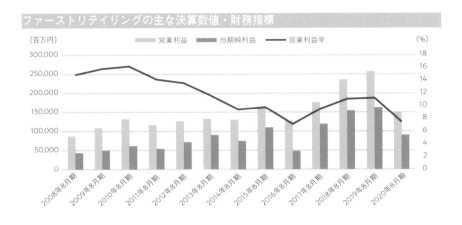

ファーストリテイリングの主な決算数値・財務指標

（百万円）　　　■ 営業利益　　　■ 当期純利益　　　— 営業利益率　　　（%）

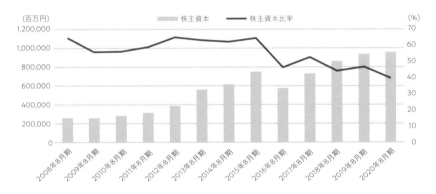

（百万円）　　　■ 株主資本　　　— 株主資本比率　　　（%）

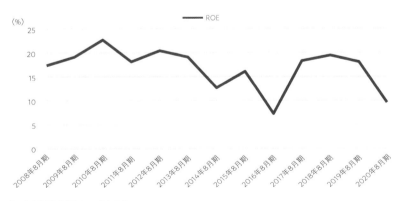

（%）　　　— ROE

（出所）会社決算資料をもとに著者作成

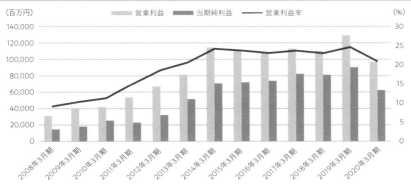

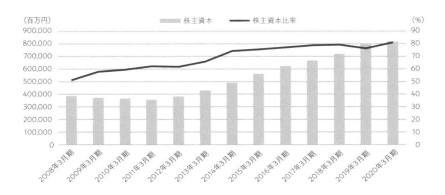

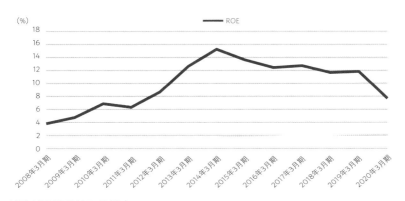

(出所)会社決算資料をもとに著者作成

ディズニーという強力なコンテンツとブランドがあるという前提ですが、営業利益率は20％台半ばに達していました。しかし、新型コロナウイルス感染症拡大の影響もあり、2020年3月期には悪化しています。今後はどこまで営業利益率を回復させることができるのかという点が注目されます。

当期純利益が着実に積み上がり、株主資本も堅調に増えているため、株主資本は2019年3月期に8000億円に達しています。その結果、株主資本比率も8割にまで達し、非常に強固な財務体質となっています。

ただ、このレベルの株主資本比率にまで達すると、株主から増配などの資本政策のプレッシャーがかかってもおかしくない水準です。もっとも、現在は新型コロナの影響があるために、事業をどのようにオペレーションしていくかという点に経営者も株主も関心を寄せていそうですが、そうした状況が落ち着いてくれば、増配などの資本政策が再び焦点となってくるでしょう。

ROEに関しては、2014年3月期に15％に達しましたが、その後は株主資本の増加ペースもあって、ROEは12％近辺を推移していました。しかし、新型コロナの影響により、ROEは大きく減少しています。

今後は、新型コロナの影響が落ち着くところを探って、株主還元を中心とした資本政策が図られ、再度、ROEを上昇基調にもっていけるかという点が注目されます。

ダイキン工業

空調でおなじみのダイキン工業です。個人向け空調機器というよりは、オフィスや商業施設向けなどのパッケージエアコンで世界的にも市場シェアの高い企業です。これまで海外企業の買収を通じて、グローバルで事業展開をしているのが特徴です。

ダイキン工業の最初の注目点は、リーマンショックの際にも営業損失や当期純損失に陥っていなかったところです。先ほど見たトヨタ自動車をはじめ、多くの製造業が赤字に陥りましたが、ダイキンは収益を確保できた実績を持ちます。この点は十分に評価されてもよいでしょう。

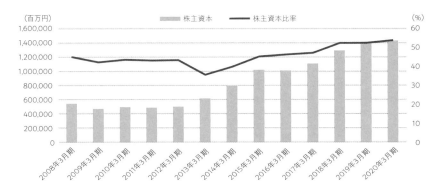

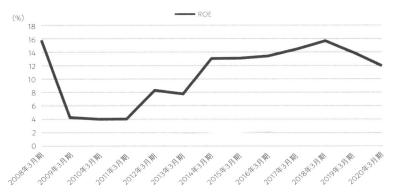

（出所）会社決算資料をもとに著者作成

また、営業利益率は 2010 年 3 月期を底に水準を切り上げ、2016 年 3 月期からは 10％以上を超える状況になっています。大型の設備投資や買収などのイベントによって営業利益は影響を受けますが、この水準をさらに切り上げることができるのかという点が今後注目されます。

　株主資本については、当期純利益を着実に積み上げて、株主資本も拡大中です。同時に株主資本比率も上昇し、最近では 5 割に達しています。

　ROE に関しては、リーマンショック以降、しばらく低迷していましたが、その後は当期純利益の伸びとともに上昇基調となり、現在は 10％台前半から半ばを推移しています。今後はこの水準をさらに上昇させることができるのかが注目点となります。

ユニ・チャーム

　ベビー用品「ムーニー」などでおなじみのユニ・チャームです。同社のような生活必需品を扱う会社は、リーマンショックのような経済危機も関係なく、着実に利益を計上できる企業だということがわかります。

　当期純利益で見れば、対前年比で減益の年もありますが、着実に利益を計上してきたことが確認できます。また、営業利益率は 10％を継続して超えており、安定感があります。

　その一方で、意外と収益の出方にボラティリティがあります。消費安定のセクターですが、継続的な増益というわけではなく、減益のときもあります。そうしたクセも忘れずに頭に入れておきたいところです。

　収益がブレるということは、株価もまたブレるということです。つまり、長期投資のスタンスを持ちながら、買いのチャンスがたびたび訪れる可能性があるわけです。

　株主資本比率は 5 ～ 6 割を推移しており、財務内容は強固です。その半面、株主資本比率が高くなりつつあるので、今後の株主還元施策がどうなるのかが注目されます。というのも ROE がそれほど高くないからです。

　ROE は、ピークで 10％台後半に達しましたが、足元では 10％程度です。

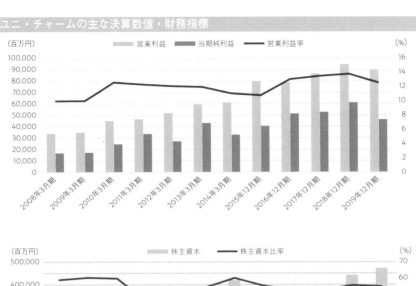

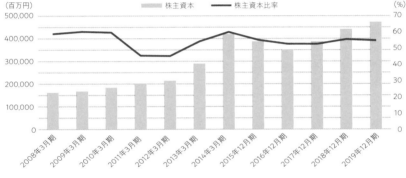

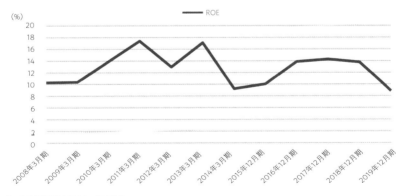

（出所）会社決算資料をもとに著者作成

この水準だと、外国人投資家から、株主資本比率の高さとともに株主還元施策について指摘を受けるレベルです。

　このように、企業の長期の決算書を見ることで、**企業ごとに収益の出方のクセや資本政策の課題などが見えてきます。**

　また、減益はあるにせよ、継続的に当期純利益を計上できた企業は、株主資本が積み上がり、財務体質も強固になっていることがわかります。詳しくは第4章でも見ていきますが、そうした動的なサイクルを理解できれば、投資の際に会社を評価する目も変わってくるのです。

　続いて、株主資本がさらなる株主資本を生み出すサイクルのメカニズムについて見ていきます。

株主資本の複利とは

「株式投資で複利の考え方が大切だ」と聞くと、みなさんはどんな印象を持つでしょうか。

　そもそも複利とは、投資した資産がさらに運用されて、まるで雪だるまをつくるときのように増えていくことを指します。「株価が毎日変動する株式投資に複利は関係ない」という声もあるでしょうが、ここでいう複利は**株主資本の複利**のことです。

　株式は成長する資産といわれます。なぜでしょうか。その理由は、ここまで見てきたように、当期純利益を計上し、その利益から配当を支払った残りは、株主資本に積み上がるからです。企業が事業活動を行い、きっちりと利益を出すことで、株主資本は増えていきます。

　ちなみに、ROE は、株主資本に対して当期純利益がどの程度の割合であったかを示す指標です。ROE が 10％ というのは、配当などの影響を除けば、1年間の事業活動で株主資本が 10％増えることを意味します。

つまり、毎年、ROE で 10％を計上できる企業は、配当の影響を除けば、株主資本が毎年 10％ずつ増えていくことになりますし、株主資本が複利で10％のペースで増えていくことになります。まさに成長する資産といえます。株主資本が増えることで、純資産も増えることになります。

　株式投資のバリュエーション（株価評価）に、**PBR（株価純資産倍率、**Price Book-value Ratio）という指標があります。1 株当たりの純資産（BPS）に対して株価は何倍かという指標です。以下のように表します。

$$PBR = 株価 \div BPS（Book\text{-}value \ Per \ Share）$$

また、この式を変形すると、次のようになります。

$$株価 = PBR \times BPS$$

　仮に PBR の倍率が変わらなければ、BPS が上昇することで、株価は上昇することになります。

　このように、株式市場での PBR の評価が一定であれば、毎年 BPS が増加するのにしたがって、株価は上昇していくことになります。長期投資家として BPS の水準が年々上昇していくのを待つことができれば、将来的に超過収益を手にすることができます。

　もっとも、バリュエーションにおいて、常に同じ PBR であるとは限りません。株式市場が許容する PBR は状況に応じて変化します。PBR と PER（株価収益倍率）と ROE は以下のような関係にあります。

$$PBR = PER \times ROE$$

　右辺と左辺のそれぞれを分解して表現すると、以下のようになり、右辺の EPS（1 株当たり当期純利益）がそれぞれ打ち消されます。ここでは株主資

本と純資産を同値と定義しています。

$$PBR（株価 \div BPS）= PER（株価 \div EPS）\times ROE（EPS \div BPS）$$

この式の考え方ですが、企業の利益の成長性が評価されれば PER が上昇し、PBR も上昇します。また ROE が上昇しても、PBR は上昇することになります。もちろん、両方が上昇しても PBR は上昇します。

こうして見てくると、企業の利益の成長期待を示す PER や、ROE の水準などについて現状と今後の動向を考慮した上で、PBR がどうなるのかを考える必要があります。

もっとも、本書は「予想しない」というのが大きなテーマです。将来を予想しなくとも PBR を使えるような方法は、第5章と第6章でじっくりとお伝えします。

そして株価はどうなったのか

ここまで、過去の業績やバリュエーションの評価・考え方について見てきました。では、先ほどピックアップした5つの企業と TOPIX について、どのような株価のパフォーマンスだったのかを見ていきましょう。

次の表は、リーマンショック前の2008年3月末の株価を100とし、リーマンショックの影響を反映した2009年3月末、2020年3月末、新型コロナ後の2020年11月末の株価を指数で示したものです。その間の株主資本の成長率（年平均成長率〈CAGR：Compound Annual Growth Rate〉、複利にあたる）、株主資本比率、ROE も併せて記載しています。

オリエンタルランドは2008年3月末の株価を100とすると、新型コロナの影響はあったものの、2020年11月末で見ると約12倍になっています。まさに「10倍株」となり、非常に大きな株価上昇といえるでしょう。同じ

	2008年3月末	2009年3月末	2020年3月末	2020年11月末	株主資本成長率	株主資本比率	ROE
トヨタ自動車	100	63	131	141	5%	36%	9%
ファーストリテイリング	100	127	503	978	11%	52%	15%
オリエンタルランド	100	107	945	1,215	6%	71%	10%
ダイキン	100	62	307	552	8%	47%	11%
ユニ・チャーム	100	82	500	625	10%	54%	12%
TOPIX	100	64	116	145	---	---	---

（出所）著者作成

期間のTOPIXが1.4倍ですので、オリエンタルランドのパフォーマンスは「超絶」よかったといえます。

　それ以外の企業であれば、オリエンタルランドに次いで、ファーストリテイリングが約9倍、ユニ・チャームが約6倍、ダイキンが約5倍となっています。一方、トヨタ自動車はTOPIXのパフォーマンス1.4倍とほぼ変わらない水準です。

　さて、どの要素が重要だったと見ればよいのでしょうか。

　利益の伸び率だという指摘があるかもしれません。しかし、このサンプルの中で一番目立つのは、意外と思うかもしれませんが、**株主資本比率**があげられます。一般的に、株主資本比率が高いとROEが低くなるので、株主は受け入れにくいポイントになりがちです。

　しかし、この5つの企業の上記で見てきた期間の株価に関していえば、結果として、株主資本比率が高かった企業の株価の上昇が大きかったといえます。これは単純にROEの高さではなく、また株主還元策でもなく、株式市場が利益の伸び率だけではなく財務内容のよい企業を評価してきたともいえます。

　長期の株価を考える際に、「これだけをチェックしておけばいい」という指標はありませんが、ここまで見てきたように、短期的な利益を気にすることではなく（ただし、当期純損失はダメ）、**株主資本**の動向に注目することで、株式投資家はハッピーになれる可能性があるのです。

「3年で2倍になる株」を探す
外国人投資家は何を見ているのか

株価が3年で2倍になることを期待する世界の投資家たち

　一口に外国人投資家といっても、投資に対する考え方はさまざまです。また、外国人投資家の背後にあるお金も、年金や投資信託、富裕層の資金といったようにさまざまで、資金の性質によって投資へのアプローチは異なります。顧客次第でリスクコントロールに関しても制約があります。

　たとえば、年金のような超長期の資金を運用するファンドマネージャーは、ファンドのトラッキングエラー（ファンドとベンチマークの乖離の大きさ）に制約があったりします。その場合、リスクをコントロールするために、結果として銘柄選択に制約が出ることもあります。

　一方、個人向けの一般的な投資信託であれば、運用上は特段の制限はなく、銘柄選択の自由度が増します。私が見てきた印象では、投資信託の運用者は年金の運用者と比較して、銘柄選択に関してのびのび運用しているように見えます。

　先ほど紹介したフィデリティのファンドマネージャーであったアンソニー・ボルトンも次のようにいっています。

「フィデリティに入社して間もない頃、私はテート＆ライル社やランクゼロックス社などの年金資金の運用を担当しました。でも私の気持ちはいつも投資信託に傾いていました。その理由は年金運用では行動を起こすたびに常にその理由を聞かれ厄介ですが、投資信託ではもっと自由が利くということです。その当時は年金の受託者は、うまくいかなかった投資、または少なくとも報告の時点ではうまくいっていなかった投資についてばかり説明を求めてくるように思われました[1]」

　ただし、運用資金が年金からであろうが、個人投資家からであろうが、四

（1）アンソニー・ボルトン、ジョナサン・デーヴィス『カリスマ・ファンド・マネージャーの投資極意』（東洋経済新報社）p.14

半期ごとに運用成果をチェックされます。運用成績を比較する対象となるベンチマークがあり、そのパフォーマンスの差を評価されます。また、同じベンチマークで運用する競合ファンド（通常は Peer〈ピア〉と呼ばれる）と運用成績などが比較されます。

　評価軸は年金であろうが、投資信託であろうが大きく変わりませんが、年金の運用者はファンドのリスク管理により敏感であり、投資信託の運用者はどちらかというと銘柄選択により時間を使っている印象があります。したがって個人投資家であれば、**投資信託の運用者の考え方が参考になる**と思います。

　アナリスト時代に、投資信託を運用する外国人のファンドマネージャーと会話した際、よく話に出てきたのが、次のフレーズです。

「リョウスケ、**3年で株価が2倍になる銘柄を教えてよ**」

　はじめて聞いたときは、「そんなこと、事前にわかったら苦労しないよ。なぜ3年？　なぜ2倍？」と心の中で何度も思ったものです。

　アナリストは、企業の収益に関して、短くても3年、通常は5年程度の予想をします。したがって、3年後に2倍になっている企業を探す努力をしています。ただし、3年後の株価を言い当て、2倍になっているという条件を満たす銘柄を、ファンドマネージャーに推奨するのは、今振り返ってみても、なかなか簡単な作業ではなかったです。

　そして、そのフレーズは、その後、何度も何度も外国人ファンドマネージャーたちの口から出てきます。なぜだろうと思ったので、思い切って聞いてみました。

「なぜ3年で2倍になる銘柄をリクエストするのですか？」

　こう聞くと、次のような答えが返ってきました。

「ちゃんと調査して銘柄を見つければ、決して無理なリクエストではないはずだ」

　これを聞いたときには、「いやいや、難しいでしょ」と心の中でつぶやいたものです。

では、株価は年間でどの程度動くのかについて、日本株全体の動きをおさらいしておきましょう。

　GPIF（年金積立金管理運用独立行政法人）によれば、日本株の年間の期待リターンは約5％で、1標準偏差は約25％とされています。つまり、約3分の1の確率でリターンが＋5〜＋30％に、また約3分の1の確立で▲20〜＋5％になるというものです[(2)]。

　日本株全体と個別株式の動きは必ずしも同じではありませんが、ここで見たような株式市場全体の動きを考えると、「3年で2倍になる銘柄」というのは、なかなか見つけにくい印象を持たれると思います。

　個人的には、個別銘柄に投資をして「1年以内に株価が投資時より20％程度上昇し、利益を確定できれば上出来」という感覚は今でもあります。投資した銘柄の株価が毎年20％程度上昇し、それが3年続くというのはうれしいことです。しかし、そうした銘柄に出会えるのはかなり珍しいケースだと当時は思っていました。

　ところが、外国人投資家の「3年で2倍になる銘柄は探せば必ずある」という考えには、それ相応の理屈があったのです。

3年で2倍になるための「理屈」はROEにある

　アナリストとして駆け出しの頃、株価を考えるときに、どうしても企業の利益成長に目がいきがちでした。そうなるとバリュエーションや投資判断も利益ベースで考えることが多くなります。

　たとえば、足元の利益成長率が高い企業の今後の利益成長ペースや利益の拡大余地を検討するとともに、株式市場がどの程度のPERを今後織り込んで株価を形成していくのかを考えるのです。

（2）　GPIF「分散投資の意義②　投資のリスクとは」https://www.gpif.go.jp/gpif/diversification2.html

62

なぜ利益ばかりに目をとられるのかですが、利益はPERといったバリュエーションの重要な要素であり、変化が大きいので、みんなの目をひくのです。これは駆け出しのアナリストだけではなく、株式市場も同じです。

　四半期決算では、売上高や営業利益の対前年同期比がどう変化したのかが話題になります。そして決算内容で株価は動きます。したがって、アナリストも短期的な決算内容とはわかっていても、無視するわけにはいかないという事情があります。

　一方、貸借対照表の分析は、利益予想に比べると、どこか退屈な感じがしていました。損益計算書が「フロー」、貸借対照表が「ストック」であるというのは第2章でも触れましたが、損益計算書を分析するほうがワクワクするというのは多くの人にとっても同じかと思います。

　では、実際はどうかというと、利益を予想するのと同時に、貸借対照表やキャッシュフローも予想することになります。これは、それぞれが結びついているからです。

　ただ、多くのアナリストが最も時間をかけていたのは売上高の予想ではないでしょうか。売上高を構成する要素を分解し、売上高が何によってドライブ（牽引）されるのか、また、その要素の変化によって利益がどのように変化するのかを予想する作業です。

　そうした考えをしていたときに、ベテランの外国人ファンドマネージャーに次のように聞かれました。

「リョウスケ、ROEが25％の会社の3年後の株主資本はどれくらいに増えている？」

　ROEは株主資本に対する当期純利益の比率です。株主からすれば最も重要な指標といえるかもしれません。しかし、こんなことをいうと怒られそうですが、ROEを扱うのはやや退屈な作業です。というのも、ROEは非常にシンプルだからです。ROEの計算式は以下のとおりです。

ROE ＝当期純利益÷株主資本

この式を見てわかるように、ROE は当期純利益と株主資本がわかれば簡単に算出できます。実績値であれば、損益計算書と貸借対照表にあるそれぞれの数字を使えば、すぐに計算できます。

　実際の ROE の計算では、それぞれ実績値であったり、予想値を使ったりします。当期純利益は、実績値や予想値を使いますし、株主資本は、前年度末と実績年度末の期中平均や、実績年度末と予想の期中平均を使うこともあります。予想の株主資本は、予想の当期純利益から配当を差し引いた残りが昨年度の株主資本に対して積み上がります。期中に増資などの資本政策をしていなければ極めてシンプルです。

　このように、利益や配当予想があれば簡単に ROE の予想も算出できてしまうことがおわかりでしょう。ROE を知るだけであれば、それほど複雑なことではありません。

　一見簡単そうに見えるこの ROE は、実際はさまざまな要素が絡み合った指標です。この ROE を分解したのが有名な**デュポンシステム**です。

$$\text{ROE} = 売上高純利益率 \times 総資産回転率 \times 財務レバレッジ$$

$$\left(\frac{当期純利益}{株主資本} \right) = \left(\frac{当期純利益}{売上高} \right) \times \left(\frac{売上高}{総資産} \right) \times \left(\frac{総資産}{株主資本} \right)$$

　デュポンシステムでは、ROE をこのように 3 つに分解します。ROE を予想する際、それぞれの項目ごとにどのようなポイントがあるのかについて見ていきましょう。

　まず、売上高純利益率には、アナリストの売上高や当期純利益の予想を使うことになります。これはまさにアナリストの仕事です。

　次いで、総資産回転率ですが、売上高の予想はアナリストで可能なものの、総資産については会社の意向や意思が関わってきます。

　貸借対照表の左側にある資産のうち、在庫を増やす（減らす）とか、売掛

金を増やす（減らす）などは総資産に影響します。これらは会社の施策が大きく関係することになり、アナリストが主体的に予想するというよりも、企業が自分たちでどうしたいかという意識が関係する項目です。

　また、3点目の財務レバレッジについても、企業の財務担当者が借入をどの程度行うのかという資金調達の施策や方針が主なポイントです。企業の外にいるアナリストが「あーだ、こーだ」といったところで、実際に決めるのは会社側です。

　ここまで見てくると、ROE を分析することに意味はありますが、将来のROE を予想することに関してはアナリストができることは限られているというのがおわかりいただけるかと思います。

　したがって、ROE の分析に関しては、アナリストはややもすると傍観者になりがちです。ROE は経営者がさまざまな経営努力をした結果であり、その実績の評価を経営者自身が行うことには意味がありますが、アナリストが予想として関われる部分は少なく、難しいという現実があります。そうしたこともあって、「退屈」ということにもなるのです。

　さて、話を元に戻しましょう。

　外国人ファンドマネージャーが聞いてきたように、ROE を毎年 25％ 達成できる企業の株主資本が 3 年後にどれくらいに増えているのかを見てみましょう。仮に株主への配当がないという前提であれば、以下のように計算することができます。

$$3年後の株主資本 = 100 \times 1.25 \times 1.25 \times 1.25 = 195$$

　このように、ROE が 25％ の企業が 3 年続けてその数字を達成すれば、株主資本は約 2 倍にもなることがわかります。

　上場株式の場合、「1 株当たりの株主資本＝株価」ということには必ずしもなりませんが、株主資本の価値に株価が連動して動き、かつ ROE の水準が継続的に達成できるなどの条件さえ揃えば、「3 年で 2 倍の株」を見いだ

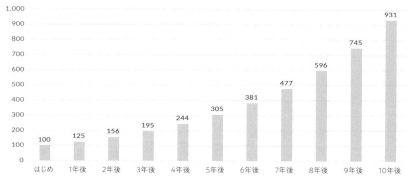

（出所）著者作成

すことも可能だということになります。

　これを見て「当たり前だ」という人もいる一方で、「3年でそんなに増えるのか。ROEの水準も大事だな」と改めて思う人も少なくないことでしょう。

　また、さらに長期で見ると、10年たつと株主資本は約9倍になります。株式投資をどれくらいの時間軸でとらえるかは投資家によって異なりますが、**高いROEの企業に対して時間をかける投資ができれば、株主資本は大きく増える**ことになります。

株式投資でも複利が大事な理由

　株主資本がROEの水準だけ年々増加していくというのは、まさに**複利**の考え方です。

　複利とは、**投資をして増えた分も含めてその後も運用していく**という考え方です。雪だるまをつくるようなものです。最初の雪の玉は小さくとも、転がしていくと、どんどん大きくなっていくのと同じです。

　ただ、株式投資に複利を持ち出すと、「株式投資は預金などと違って株価がついているから複利で考えるのはおかしい」という指摘も出てくることで

しょう。

　確かに、上場株式投資では時々刻々と移り変わる株価に目を奪われがちですが、そもそも株式とは何かを考えれば、それは企業の価値の一面を見ているのにすぎません。

　株式は株主の会社の持ち分であり、その割合に応じて配当を手にしたり、また経営に参加する権利を示したりするものです。

　上場株式は取引所の営業日に値が付き、自由に売買することが可能ですが、それは上場している株式に限った話です。日本で上場している企業の数は2020年11月末で3732社⁽³⁾。そのうち東証第1部が2177社、第2部が480社、マザーズが333社となっており、この数を多いととらえるのか、また少ないととらえるのかは人によって異なると思います。

　2015年度の国税庁のデータによれば、日本の株式会社の数は約250万社⁽⁴⁾です。したがって、株式会社として上場しているのは約0.15％にすぎません。その小さな割合の上場企業について、取引所では毎日値が付き、誰もが取引できるのです。上場株式投資は、ある種、かなり稀な機会だといえます。

　株式投資といえば、上場株式への投資を思い浮かべる人がほとんどだと思います。そして上場株式の目的は、株価上昇狙いという人が多いと思います。

　しかし、株主にとっての株式の本質は、**毎期の当期純利益が配当の原資になり、株主資本を積み上げていくこと**です。上場株式は、その株式の所有権に時価がついたものといえます。

　自分が勤務していた外国企業の未上場株式を保有していたこともありますが、株主として勤務先を見ると、ROEや株主資本を意識して経営していると感じたことが何度もありました。基本的には、株主資産を減らさないように経営がされています。

　景気が悪くなれば、事前に経費を削減するためにリストフをして、減益は避けられないにしても、当期純損失が出ないように動きます。当期純損失と

（3）https://www.jpx.co.jp/listing/co/index.html　3732社のうち外国会社4社を含む。
（4）https://www.nta.go.jp/information/release/kokuzeicho/2016/kaisha_hyohon/index.htm

もなれば、過去に積み上げた株主資本が減ってしまうからです。このあたりの株主資本への海外企業の経営者のこだわりは、日本の経営者の比ではないと思います。

　前出の優良株投資で高パフォーマンスを達成した日本人ファンドマネージャーの次のコメントが、投資家時代の記憶として残っています。

「株主資本が増加し続けることで上場企業の株価の下値は切り上がっていくんだよ。株主資本を積み上げることができる会社、つまり**赤字にならない企業を株価が大きく下落したときにコツコツ拾っていくと、長い目で見てリターンは大きくなっている**ものだよ」

　上場株式であれば、株価は常に変動しています。株式市場を長い目で見れば、ドットコムバブル崩壊やリーマンショックのような資本市場全体がパニックになることもあります。最近でいえば、「コロナショック」ともいわれる新型コロナウイルスによる相場下落も一例でしょう。

　そうしたときに、優良企業が大バーゲンで手に入るチャンスがあるといえます。**平時には株主資本を積み上げている企業のリストを準備しておくことで、いざというときに割安の価格で手に入れることは可能**です。

株主資本を減らす赤字企業は問題外

　株式市場は、時として大きく崩れることがあります。きっかけはさまざまですが、たとえば、景気が悪化することを織り込んで株価は下落します。景気が悪化する際には、**経営者がどのような対応をとるか**が、優良企業かどうかを評価するポイントになります。

　日本企業の経営者には、不況時の決算で大赤字になったあとに、収益を回復させる「Ｖ字回復」という言葉を好む人がいます。一見素晴らしいことのように見えますが、長期の株式投資家からすれば百害あって一利なしです。

　もちろん、リストラや構造改革という名で過去の膿を出し切って、将来の

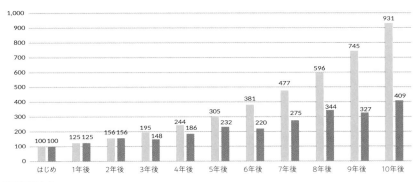

株主資本の複利効果　3年に一度当期純損失があった場合との比較

〈出所〉著者作成

固定費を下げ、収益性アップを図ろうという狙いはわかります。しかし、最もいけないのが、そうした際に、当期純損失や赤字になってしまうことです。

　ここまで見てきたように、株式投資の素晴らしさは株主資本が複利で増えていくことです。複利を活用する上で重要なのは、投資した資産が収益を生み、その収益を加えた資産がさらに収益を生み出すということです。

　しかし、ひとたび赤字となると、一時的に株主資本が棄損します。そうなると、複利で再び株主資本を増やすことになるにせよ、発射台が下がった状態で再スタートすることになります。その後の株主資本が積み上がるペースに大きな影響を与えます。

　上の図は、先ほど見たROEが25％の企業の株主資本が、10年間でどのように拡大するのかを他の条件と比較したものです。通常、ROEは25％であるものの、3年ごと（3、6、9年）にROEがマイナス5％、つまり当期純損失が出る企業と、株主資本の推移を比較しました。

　このケースであれば、10年経過すると、株主資本は9倍と4倍という差にまで広がってしまいます。平時は同じROEの水準──ここではROEで25％──を継続的に実現できる企業とそうでない企業の差が、長期で見ると大きな差になっているのがおわかりになると思います。

　投資期間が1年未満の短期的な投資であれば、ROE水準を気にしなくて

もよいかもしれませんが、数年単位の時間軸で考える投資家にとっては、その重要性は見過ごせません。

　外国人投資家の中には、「Ｖ字回復」という掛け声のもとに大赤字を計上し、株主資本を棄損させる日本人経営者に対して厳しい姿勢をとる人も多くいます。日本の株式市場を盛り上げるためにも「減益はOKだが、赤字はダメ」という共通認識を持たせることがこれまで以上に必要になってきます。

「日本株がダメ」で「米国株がよい」の本当の理由

　株式投資をする際に、実は、どの地域や国の企業群に投資をするのかという選択はとても重要です。経済がどんどん大きくなっている国に拠点を置く企業に投資をするのか、それとも経済がジリ貧の国に拠点を置く企業に投資をするのか。

　もっとも、企業活動もグローバル化しているので、必ずしも企業の拠点ばかりに目をやる必要はありませんが、経済規模が拡大している国で事業を展開するのは、経済規模が縮小している国で事業をするよりも将来の利益を上げやすく、投資家の期待を得やすいことは誰もが感じることでしょう。

　では、ここで日本と米国の経済規模の推移がどうであったかを見てみましょう。通常、経済規模を知るための指標としてGDPが使われるので、その推移を見てみます。

　次ページの図を見てもわかるように、米国のGDPはサブプライムローンバブル後のリーマンショック時のように多少の凸凹はありますが、右肩上がりで成長を続けています。一方で、日本は1990年代半ばまでは右肩上がりの成長を続けていましたが、その後は上がったり下がったりを繰り返すだけで、レンジ内での動きになっています。

　GDPとは、ざっくりいうと、経済活動による付加価値の合計です。したがって、GDPが増えている国の企業は儲けやすい条件にあるといえます。

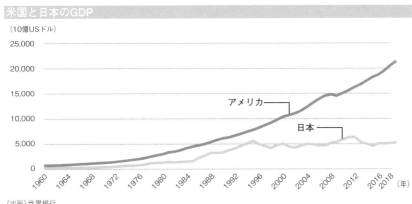

米国と日本のGDP

（10億USドル）

（出所）世界銀行

　また、ここまで見てきた株主資本に対して当期純利益の比率がどの程度であるのか、日本企業と米国企業の ROE でどのくらい異なるのかを見ていきましょう。

　経済産業省の資料を参考にすると、日本企業（TOPIX500 のうち 402 社）の ROE は、2013 〜 18 年度に 1 桁台後半で推移しており、2018 年度は 9.4％と 10％に届いていません。過去 12 年間のデータを見ると 2017 年度に 10.3％と一度だけ 10％を超えた程度です。[5]

　一方、米国企業（S&P500 のうち 366 社）の ROE は概ね 10％台後半となっており、2018 年度は 18.4％と日本企業の ROE の約 2 倍もあります。

　ROE は、株主資本に対して、株主に帰属する利益をどの程度計上できる

日米欧企業のROE

ROE（%）	2007	2008	2009	2010	2011	2012	2013	2014	2015	2016	2017	2018
日本	9.4	1.9	4.0	5.8	3.9	4.9	8.4	8.2	8.1	8.8	10.3	9.4
米国	17.7	14.1	14.5	17.4	18.6	16.3	17.4	16.7	14.1	15.5	16.8	18.4
欧州	19.3	12.0	10.6	14.8	13.1	10.6	13.0	10.5	8.4	8.9	14.0	11.9

（出所）経済産業省

（5）https://www.meti.go.jp/shingikai/economy/sustainable_kigyo/pdf/001_05_00.pdf

かを示す重要な指標です。その ROE が倍違うとなると、投資家としては米国株を選択したくなるところですが、では何が違うのでしょうか。

先ほど見た ROE の分解、デュポンシステムで見ると、大きくいえば、売上高純利益率と財務レバレッジで大きく差が出ています。2018 年度に関しては、売上高純利益率は米国企業が 9％近いのに対して、日本企業は 5％程度となっています。税引き後の収益性の差が大きいといえます。財務レバレッジも、2013 年以降、米国は拡大している一方で、日本では低下傾向です。

第 2 章では PER、PBR、ROE といったバリュエーションと、それぞれの関係性を見てきました。改めて書いてみると、次のとおりになります。

$$PBR \; = \; PER \; \times \; ROE$$

日本企業と米国企業の PBR を同じように経済産業省の資料をもとに見ると、2018 年度の日本企業の PBR が 1.15 倍であるのに対して、米国企業が 3.08 倍になっています[6]。

米国企業の ROE の水準が日本企業の倍近く異なっているのは先ほど見てきたとおりですが、この等式を見ると、PER でも差が出ていることもわかります。

まず、日本企業で見ると、以下のようになります。

$$1.15 \; = \; PER \; \times \; 9.4\％$$

日本企業の PER は以下のように計算できます。

$$PER \; = \; 1.15 \; \div \; 9.4\％ \; = \; 12.2 \; 倍$$

（6）https://www.meti.go.jp/shingikai/economy/sustainable_kigyo/pdf/001_05_00.pdf　p.17

(%)

66.1%
58.1%
44.7%

欧州（BE500）

94.8%

米国（S&P500）

日本（TOPIX500）

63.8%
45.2%
33.5%

2009 2010 2011 2012 2013 2014 2015 2016 2017 2018 （年）

（出所）経済産業省

また、米国企業についても同様に見てみましょう。

$$PER = 3.08 ÷ 18.4％ = 16.7 倍$$

　このように、日本企業と米国企業ではPERでも大きく差が開いています。

　詳しくは第5章を参考にしていただきたいのですが、PERは割引率であるrと成長率であるgの組み合わせとその逆数で決まります。

　同じ株式といっても、株価が上がったり下がったりを繰り返すだけの「循環株」である日本株と、株価の上げ下げを伴いながら上昇していく「循環成長株」である米国株では、期待リターンも異なるでしょうし、経済が成長する国とそうでない国の企業では、利益成長率の期待値も異なるでしょう。

　そして、当期純利益のこだわりは、株主の配当にも違いが大きく出ます。日本企業の配当性向は2018年度では33.5％。一方、米国では45.2％と大きく差が出ています。

　配当は、基本的には当期純利益の中から支払われるものです。配当性向とは、当期純利益のうち、どのくらいの比率が配当に充てられているかを示す

ものです。配当性向が高ければ、当期純利益の中から株主に還元される金額が大きいということになります。

　一方、当期純利益から配当をせずに企業の内部にとどめておく残りが内部留保と呼ばれます。企業にとって投資機会があり、そこから生み出すことができそうな利益が大きければ、配当をしないで内部留保とするほうが株主にはうれしいこともあります。

　ただし、投資機会はないが、何かあったときのために利益を貯め込み、財務体質だけを強化することもあります。株主や資本市場からのプレッシャーの違いなどもあり、日米の配当性向は大きく異なります。

　このように、グローバルで見ると、日本企業の配当性向は低いと頻繁に指摘されます。

　しかし、見方によっては、日本の場合は ROE が断続的に割引率に接近しているため、極端にいえば、配当性向が PER に対して大きな意味をなさない状況に頻繁に直面するともいえます。

　詳しくは、本章末のコラム「ROE と割引率とバリュエーションの関係」を参照してください。株主に支払う配当をもとに株主価値を測ろうとする **DDM**（Dividend Discount Model、**配当割引モデル**）を前提に考えると、**ROE と割引率が同じであれば、PER に影響を与えない**という結論を導き出せます。

　株式市場の割引率は、第 5 章のコラムを参照していただきたいのですが、株式市場の熱量次第で、6 ～ 8％の間で動いている印象です。一方で、日本の上場企業の ROE は過去の実績値を見ると 3 ～ 10％のレンジ内を行ったり来たりしています。

　つまり、DDM で考えると、日本の上場企業全体では、乱暴な言い方をすれば、配当性向は PER に影響を与えないので、配当政策を工夫して PER を意識するよりも、配当性向を低めにして財務体質を強化する方向に向いていたともいえます。

　上場企業であれば、株主に対して利益成長を突き詰め、株式市場における PER 拡大を模索するのが筋ですが、成熟した産業、また成熟したビジネス

モデルを抱える企業でそうした機会を失った経営者は、配当性向がPERに影響しないと気づけば、積極的に配当をしようとはしないでしょう（もちろん、外部からのプレッシャーがない場合に）。

日本はさておき、米国のように上場企業のROEが高い市場であれば、配当はバリュエーション、さらには株価を決める重要な要素といえます。

DDMで考えれば、ROEが割引率を上回っていると、PERを上げるためには配当性向を抑える選択をするはずですが、先ほども見たように米国の配当性向は日本を上回っています。

配当が多くなると、内部留保が貯まりにくくなるため、将来の成長機会に乗り切れないということも起こりえますが、そこまでしてもROEにこだわっているのが感じ取れると思います。もっともこれは、短期的なROEの水準にこだわっているともいえます。とはいえ、株主にとって継続的に高いROEが続くのは、株主資本が拡大するために必要なことです。

コラム ROEと割引率とバリュエーションの関係

本書はファイナンスの教科書ではありませんが、少なくともDDM（配当割引モデル）のコンセプトがわかると、バリュエーション全体の理解が深まるので、ここでは簡単にその考え方と使い方を解説します。

配当をDとし、その配当が成長率gで増加し、割引率がrとすると、配当を受け取る株主から見た現在価値（Present Value、PV）は以下のように計算できます。

$$PV = \frac{D}{1+r} + \frac{D(1+g)}{(1+r)^2} + \frac{D(1+g)^2}{(1+r)^3} + \cdots\cdots \quad ①$$

①の両辺に $\frac{1+g}{1+r}$ をかけると、以下のようになります。

$$\frac{1+g}{1+r} \ PV = \frac{D(1+g)}{(1+r)^2} + \frac{D(1+g)^2}{(1+r)^3} + \frac{D(1+g)^3}{(1+r)^4} + \cdots \cdots \quad ②$$

①から②を引くと、以下のようになります。

$$\left(1 - \frac{1+g}{1+r}\right) PV = \frac{D}{1+r} \quad ③$$

③は以下のようになります。

$$PV = \frac{D}{r-g} \quad ④$$

④の PV と D を、それぞれ発行済株式総数 n で割ります。

株価を $\dfrac{PV}{n} = p$、1株当たり配当を $\dfrac{D}{n} = d$ とすると、以下のように表すことができます。

$$p = \frac{d}{r-g} \quad ⑤$$

さて、この⑤の左辺と右辺を1株当たり当期純利益 e で割ります。

$$\frac{p}{e} = \frac{\frac{d}{e}}{r-g} \quad ⑥$$

⑥のようになり、 $\dfrac{p}{e}$ は PER（株価収益率）、 $\dfrac{d}{e}$ は配当性向となります。

$$PER = \frac{配当性向}{r - g} \qquad ⑦$$

ここで、配当性向と配当（利益）成長率、ROE の関係式を組み入れてみましょう。

内部成長率（サステイナブル成長率）＝ ROE ×（1 －配当性向） ⑧
　　　　　　　　　　　　　　　　　　　　　　　　内部留保率

内部成長率というのは、企業が増資なしで達成できる利益や配当の成長率のことです。配当性向が一定であれば、利益成長率と配当成長率は同じになります。そこで、gを内部成長率として、⑧を⑦に用いると、以下のように考えることができます。

$$PER = \frac{配当性向}{r - ROE ×（1 －配当性向）} \qquad ⑨$$

式だけではイメージがつかみにくいので、ここでは割引率 r を 7％として、ROE と配当性向の関係について見てみましょう。次ページの表を参考にしてください。

DDM の式から配当性向や ROE、PER などの関係を表していくと、次のことがわかります。

・r ＞ ROE であれば（ROE が 6％のとき）配当性向が高くなるほど PER は高くなる

		配当性向					
		20%	30%	40%	50%	60%	100%
	6%	9	11	12	13	13	14
ROE	7%	14	14	14	14	14	14
	8%	33	21	18	17	16	14

（出所）著者作成

- r＝ROE（ROEが7%のとき）であれば、配当性向はPERに影響を与えない
- r＜ROE（ROEが8%のとき）であれば、配当性向が高くなるにしたがって、PERは下がる
- 配当性向が100%であれば、ROEにかかわらずPERは同じになる

　ただし、注意点として、配当性向がゼロの場合や、ROEの水準が高くて配当性向が低い場合に、「ROE×（1－配当性向）」が割引率よりも大きくなると、PERが算出できなかったり、マイナスになって使えなかったりする点は、この数式の欠点です。

　とはいえ、ROEと割引率とPERの関係を理解する上では便利です。

　また、第2章でも紹介した「PBR＝PER×ROE」という関係式を思い出して、⑨を用いてみましょう。

$$PBR = \frac{配当性向}{r - ROE \times (1 - 配当性向)} \times ROE = \frac{配当性向 \times ROE}{r - ROE \times (1 - 配当性向)}$$

　また⑧より、以下のように表します。

$$PBR = \frac{配当性向 \times ROE}{r - 内部成長率} \qquad ⑩$$

そこで、⑧を改めて展開してみましょう。

内部成長率（サステイナブル成長率）＝ ROE ×（1 － 配当性向）
　　　　　　　　　　　　　　　　＝ ROE － ROE ×配当性向

ROE ×配当性向＝ ROE － 内部成長率　　⑪

⑪を⑩に用います。

$$PBR = \frac{ROE - 内部成長率}{r - 内部成長率} \qquad ⑫$$

この式から次のことがわかります。

・**ROE ＞ r のとき、内部成長率が高いほど、PBR は高くなる**
・**ROE ＝ r のとき、内部成長率にかかわらず、PBR は一定**
・**ROE ＜ r のとき、内部成長率が高いほど、PBR は低くなる**

　⑨の PER にしても、⑫の PBR にしても、割引率である r を、個人投資家が正確に把握するのは実際問題として難しいので、r を 6 ～ 8％の間であると仮定して、自分が目にしている企業の ROE や配当性向を考えながら、PER や PBR の水準を把握できるようになると、株式投資の初心者から中上級者へ上がるきっかけになると思います。

第4章

10倍株の発生メカニズム

10倍株とは何か

みなさんは「**10 倍株**」という言葉をご存じでしょうか。すでに第 1 章でも登場しているので、なんとなくでもおわかりかと思います。

私がその言葉を初めて目にしたのは、フィデリティの元ファンドマネージャーであったピーター・リンチの著書『ピーター・リンチの株で勝つ』を読んだときです。英語では「**テンバガー（Ten Bagger）**」と呼ばれ、その本にも「10 倍上がる株」とだけ簡単に説明されています。

「投資をするからには 10 倍になる株に投資してみたい」という人は多いと思いますが、「そんなうまい話があるか」というような疑問を持つ人も少なくないでしょう。10 倍株といわれても、「偶然、株価が 10 倍になっただけでしょう」という結果論で片づけてしまいがちです。

しかし、私は **10 倍株が生まれるメカニズムがある**と思っています。そのメカニズムは 3 つのステップに分けることができ、そのプロセスを無事通過していく結果、10 倍株が生まれると考えています。

ここでは、そのプロセスの特徴と確認すべき条件を見ていきます。みなさんが 10 倍株を探す際のヒントにしてください。

10倍株が生み出されるメカニズム

「10 倍株」というと、数日から数週間にして株価が何倍にもなったことを想像するかもしれません。

実際、人気の銘柄は、買いたい人が多く、売りたい人が少ない場合には、一時的にですが、急激に値上がりすることもあります。

しかし、ここではそうしたケースは例外として扱っています。なぜならば、

ステップ2：ビジネスモデルの質

ステップ3：
スケーラビリティ
（拡張性）

ステップ1：商品やサービスのニーズ

10倍株に至るには、しっかりとした業績の裏付けが必要で、本書では長期的に資産運用をする人に10倍株を見いだしてもらいたいからです。

それでは、10倍株を生み出すメカニズムから見ていきましょう。

10倍株が生み出されるメカニズムの特徴として、大きく3つのステップに分けることができます。各ステップは10倍株になるかどうかのチェックポイントと呼べるかもしれません。一つずつ見ていきましょう。

ニーズを確認するにはどうすればよいか

企業の知名度が高く、ブランドがあったとしても、顧客からニーズのない商品はそもそも売れませんし、ニーズのないサービスは長続きしません。また、業績を大きく牽引する力もないでしょう。したがって、その企業が取り扱う商品やサービスはニーズがあるかどうかという、**ニーズの確認**がスタートになります。

では、ニーズがあるというのは、どういうことでしょうか。簡単にいえば、「ニーズがある＝潜在的な顧客も含めての消費者がいる」ことであり、理想的なのは「**ニーズがある＝売上高がある**」ことです。

そのニーズはどのように確認すればよいでしょうか。みなさんにとって身近な小売業で見てみましょう。

　自分の家の近くに、家族経営の中華料理店があったとします。その店は非常に繁盛しており、連日、夜遅くまでお客さんが絶えません。

　中華料理店を経営する家族は、もっと多くのお客さんに食事を楽しんでもらいたいと考えるようになりました。そして、近隣の町にも新しく出店できないかと考えました。家族で話し合った結果、長男を店長にして出店することになりました。

　計画をして数カ月後に、無事2店舗目もオープンすることができました。新しい店もお客さんの評判は上々です。調子に乗って、さらに出店する場所はないかと検討することになりました。

　3店舗目は、これまでの2店舗を出店した地域の中で最も利用者数が多いターミナル駅の前に出店することにしました。2店舗目は次男が店長を引き継ぎ、3店舗目の出店は長男が陣頭指揮を執ることになりました。

　3店舗目の立地はターミナル駅前ということもあって人通りが多いのですが、嗜好が異なるさまざまな地方から人々が集まってきます。自分たちが提供する食事の味が受け入れられるのか自信はありませんでしたが、幸い、そこでもお客さんの足は途絶えません。

　店が繁盛する理由が、味なのか、価格帯なのか、それとも深夜まで営業するスタイルなのかはまだよくわかりませんが、出店すればお客さんが足を運んでくれて、売上が立つということは確認できました。まさにこれが「**ニーズの確認**」です。

　小売業であれば、事業拡大とともに運営店舗は複数になり、時間が経過すれば、さまざまなデータをとることができるようになります。その場合、既存店売上高はどうなっているのかが最も重要なデータといえるでしょう。その売上高からは、顧客の動きがどうなっているのかを知ることができます。既存店売上高は客数、客単価などに分けることが可能です。顧客数が昨年の同じ月と比べて増えているのか減っているのか、お客が注文するメニューの

単価が上がっているのか下がっているのかなどです。

　既存店売上高が好調であれば、経営者の多くは新規出店数を増やすことを考えるでしょう。「ニーズが地域性に関係なく大きそうだ」と判断すれば、店舗数を拡大し続けることになります。

　こうしたことは中華料理店に限らず、100円ショップや家具専門店、アパレル量販店、業者向けスーパー、そしてインターネット上のサービスなども同様です。小さな成功体験から実験的な取り組みを経て「ニーズを確認する」ということになります。

ニーズの確認をするための指標は何か

　ニーズを確認するために最もわかりやすいのが**売上高**です。

　しかし、将来に上場を目指すベンチャー企業などでは、売上高がほとんどないということも多いです。そうしたケースであれば、無料顧客を含む総顧客数であったり、テクノロジー企業であればアプリダウンロード数、ネット証券などであれば口座数など、将来、売上に結び付きそうな要素を **KPI（Key Performance Indicator）** として掲げ、ニーズを確認する指標としている企業もあります。

　最近では、将来事業の安定収益を評価する視点から、SaaS型企業（クラウドにあるソフトウェアのサービスを提供する企業）などの MRR（Monthly Recurring Revenue、月次経常収益）を KPI として掲げる企業も目立ちます。本来は売上を構成するのに必要な要素を KPI とすべきですが、一般的な売上と将来にかけて継続的に入る売上高を区別することで注目されています。

　売上高の確認だけであれば、決算書を見るのが得意でない人でも容易だと思います。儲かっているかどうか、利益が出ているかどうかより、**そもそも売上が計上されているのかという点が第１ステップの確認ポイント**です。

　IPO（新規株式公開）などで上場する企業は、そうしたニーズがあり、今

後も成長する可能性が高いだろうと「確認されている」という前提で上場しています（少なくともそうであると投資家としては信じたい）。

　IPO株も分析するに値しますが、ニーズがあるというだけでは、10倍株になるかどうかは不十分です。そこで、次のステップでの確認ポイントを見ていきましょう。

ステップ2の肝はビジネスモデル

　第2のステップのテーマは**ビジネスモデル**です。

　では、そもそもビジネスモデルとは何でしょうか。ビジネスモデルに関しては、『ハーバード・ビジネス・レビュー』(1)を見ても、各識者の定義がさまざまで、「これだ！」というように決められていないことがわかります。普段、何げなく使っている言葉なので、不思議な気がします。

　ここでは、**企業が商品やサービスを扱うにあたって、必要な資材調達、顧客への商品販売やサービス提供、また、収益回収のそれぞれのプロセスを通じて、どのように利益を上げるかの型**とします。

　ステップ1で見たように、ニーズがある商品やサービスであっても、企業として継続的に収益を生み出せる仕組みができていなければ、中長期的に事業として成立しません。したがって、ビジネスモデルと呼ぶためには、**利益が最大の注目点**となります。

　さて、先ほど見てきた中華料理店ですが、事業を拡大する中でいくつかの問題点にぶつかることになります。

　2店舗、3店舗と拡大する中、材料の仕入先がばらばらで、材料の調達状況によっては各店舗で同じメニューを出せないことも増えてきました。また、同じメニューでも店舗ごとに見ると、調理人によって味付けが異なることも

（1）https://hbr.org/2015/01/what-is-a-business-model

出てきました。

　そうしたことを避けるために、材料調達と調理をある程度の段階まで1カ所で作業しようということになり、調理場を借りることにしました。いわゆる「セントラルキッチン」です。セントラルキッチンでは、ある程度の調理や加工がされ、各店舗に出荷することになります。材料の安定調達や購入条件が有利になり、味の安定化につながりました。そうすることで、長男も次男も運営がぐっと楽になりました。

　また、セントラルキッチンで味付けや調理がされるので、各店舗で必ずしも腕のよい調理人を採用しなくてもよくなり、アルバイトで代用できることになりました。こうした工夫によって、店舗ごとにばらばらに運営されていた状況に比べて、店舗運営費はずいぶん安くなりました。

　大手外食企業のセントラルキッチンほど大規模ではありませんが、複数の店舗を運営する上で課題となる問題を解決できる手ごたえが中華料理店の一家にはありました。

　そこで、中華料理店の一家はさらにより多くの数の店舗を出店しようと思い、メインバンクに出店費用の借り入れができないかを相談に行きました。ところが、金融機関の返事は残念なものでした。すでに中華料理店に融資をしている金額全体を考慮すると、追加で貸し付けにくいというのです。

　中華料理店の家族は、自分たちの料理が多くの人に受け入れられるという自信があり、複数店舗に材料を供給できる体制も整えられていると考えていました。ただ、自分たちの資金準備だけでこれ以上出店を増やすのが難しくなったことはわかりました。そこで今度は、自分たちの料理を一緒に広めてくれる協力者を探すことはできないかと考えるようになりました。

　その中で出てきたアイデアは、フランチャイズチェーン（FC）展開です。出店費用はFCに加盟したオ　ナー（フランチャイジー）が持ち出すものの、店舗の看板や料理に必要な材料は中華料理店の発案者でありフランチャイジーを管理するフランチャイザーから提供を受けるというものです。フランチャイザーはフランチャイジーから加盟店料（ロイヤリティ）を受け取り、

材料提供に伴う売上高を手にすることができます。

　こうすることで、フランチャイザーは出店費用を抑えながら、自分たちの料理を多くの人に提供するビジネスモデルの取っ掛かりをつくることができました。

ビジネスモデルの確からしさと柔軟性

　苦労の末につくり出したビジネスモデルの原型ですが、早速、困難に直面します。新型コロナウイルスの感染拡大です。

　最近では、その影響で外食をする人もめっきり減ってしまいました。そして、感染が拡大する中では、新たに店舗をオープンしたいというオーナーもそう多くはいません。実際に自分たちの店舗に来店するお客さんも減っていました。

　ただ、悪い話ばかりではありません。店内で食事をする人は減ってしまいましたが、店頭でテイクアウトをするお客さんは増えていました。これまで来店したことがない人もテイクアウトで買っていってくれます。また、Uber Eats のような出前を求めるお客さんも、新型コロナウイルスの感染拡大前から着実に増えています。

　客数は減少したものの、客単価が上がっているというのが新型コロナウイルス後の特徴です。また、来店する客数が減ったので、接客のアルバイト数を減らすことができ、店舗としては十分に採算がとれています。

　フランチャイジーが運営する店舗に対して、テイクアウトや出前を求める顧客のサポートをする仕組みがあれば、フランチャイザーは FC 運営会社として評価を高めることができます。

　FC といえば、コンビニエンスストア（コンビニ）が有名です。しかし、そのコンビニも EC（電子商取引）の浸透とともに変化を迎えています。EC が便利になり、「いますぐ必要」という状況でなければ、前日にネットで注

文して翌日届くという時代です。コンビニは便利な場所にあることが重要でしたが、もはやそうした立地が必ずしも必要ではなくなっています。

したがって、リアル店舗を扱うFCは、そうした消費者の変化にも対応しなければなりません。集客や送客などは、インターネットやスマートフォンを活用して、幅広い消費者と接点を持ち、直営店だけでなくFC加盟店にまで送客可能なシステムをつくれば、FCのビジネスモデルはより強固なものと評価されるでしょう。

テクノロジーを活用することで、店舗を構えるだけでは接点を持てなかったユーザーや消費者とつながりやすくなり、売上高の成長率を加速させることができます。したがって、**ビジネスの拡大にテクノロジーをどのように取り入れていくのか**は必須の要素です。

もっとも、ビジネスモデルが初めから完璧というような企業は多くないでしょう。ビジネスモデルは事業開始から時間をかけながら改良していき、事業規模が拡大するとともにその完成度が増していくものです。

ビジネスモデルを確立する前には紆余曲折があるでしょう。経済環境に合わせて変化させていけるビジネスモデルこそ、会社の生存確率を上げるという意味で本当に強いビジネスモデルだといえます。

ビジネスモデルの完成度合いの測り方

では、ビジネスモデルの完成度はどう測るのかですが、強さを評価する一つの軸として**営業利益率**があります。

ビジネスモデルがしっかりしていれば、うまくいくパターンを繰り返し実行したり、事業規模を拡大する（スケールさせる）ことに専念したりできるので、売上高の成長率は高くなります。

売上高が大きくなれば、その分、利益を拡大する可能性も高くなります。売上高が大きくなれば、売上原価を差し引いた売上総利益の額が大きくなる

からです。売上高がないことには売上総利益は生まれません。こうした点から、売上高は何よりも重要です。

　その売上高をつくるのに必要なのが人件費や広告費といった経費です。そして、この経費を効率的に使える企業の収益性が高くなります。

　ビジネスモデルは利益を上げるための仕組みであると先に定義しましたが、収益性を測るのに一番わかりやすいのが営業利益率です。

　営業利益率が高いということは、ビジネスモデルとして完成度が高いと判断します。そして、その背景は何かをさらに調べることに意味があります。

　営業利益率は企業のさまざまな努力の「結果」です。営業利益率だけを見てビジネスモデルの特徴やその強さの理由を知ることはできません。**営業利益に至るまでのプロセスを見ていく**必要があります。営業利益率が高くなるのには、普通とは異なる理由や工夫があるはずです。

　たとえば、以前、私がアナリストをしていた当時、製造業の会社の多くは、中期経営計画の中で営業利益率の目標を5％にしていたように思います。そうした中で、センサー大手のキーエンスの営業利益率は約50％とかなり高い水準にあります。その高収益の背景は、外部の協力工場を活用したモノづくりであったり、科学的な営業スタイルであったりします。

　営業利益率が高い会社に関しては、営業利益に至るまでのどこかに特徴があります。たとえば、以下のような点を調べます。一般的に、営業利益率が高くなるためには大きく分けて、以下の2つのポイントがあります。

・売上原価率が低い
・販売費および一般管理費（販管費）率が低い

　では、それぞれどのような背景があるのでしょうか。

［売上原価率が低い会社（売上総利益率が高い会社）の特徴例］
・消費者の中でブランドが確立されている

・強力なパテント（特許権）を抱えている

・顧客への価値提案が上手

・原材料調達に優位性がある

・製造などでのオペレーションが効率的

[販売費および一般管理費率が低い会社の特徴例]

・少人数でたくさんの売上高をつくれる（1人当たり生産性が高い）

・広告宣伝などを通じてのマーケティング効率が高い

・費用の管理がそもそも得意（ケチである）

　こうした要素をクリアしていくことで営業利益率は高くなります。これらの項目すべてに強みがある会社は少ないでしょう。しかし、いずれかの要素で強みを発揮する企業はあります。

　もっとも、読者のみなさんは、こうした要因をいちいち知る必要はありません。営業利益率が高い会社には「ビジネスモデルに何か強みがある」、そして営業利益率が高い状態を継続的に達成している場合には「ビジネスモデルが強固であり、経営者のこだわりがある」と理解するだけでよいと思います。その実績だけでも投資に値する企業といえます。

　その一方で、「IPOしたばかりのベンチャー企業には営業損失の会社もあるが、どう評価すればよいのか」という質問もあるかと思います。

　本書では、ここまで見てきたように、営業利益率の推移を見ることに重点を置いています。**営業利益が高いと同時に、評価する十分な時間が経過していることが必要**です。

　したがって、IPOしたばかりで十分に長い営業利益の実績がない、また、創業して間もなく営業利益率が安定していない企業の評価は「対象外」としています。ある程度の歴史のある企業の評価を中心としています。

　企業の歴史があることは、みなさんの投資判断を助けることになります。情報は多いに越したことはありません。

最終ステップ：スケーラビリティ（拡張性）

　ステップ1と2をクリアして、10倍株になるための最後のステップです。ステップ3で大事なチェックポイントは次の2つです。

・現在のビジネスモデルで事業拡大ができるかどうか
・商品やサービスが到達できる市場（TAM：Total Addressable Market）が目指すべき市場として十分に大きいかどうか

　まず確認すべきは、現在のビジネスモデルで事業拡大（スケール）させることができるのかどうかです。現状からさらに事業拡大ができるのかどうか、また、事業拡大する際に何かボトルネックがないかを確認することがポイントになってきます。

　もっとも、個人投資家がボトルネックになる原因を探ることは難しいといわざるをえません。企業経営者や財務・IR担当者などに直接インタビューする機会を持てないと、原因を突き止めるところにまでいけないでしょう。

　では、どうすればよいでしょうか。

　ステップ1で見たKPIを通じて、商品やサービスを取り扱う事業の過去のユーザー数の伸び率の変化を見たり、事業規模に応じて営業利益率の収益性が変化していないかを振り返ったりすることで、事業拡大の可否を確認することになります。あくまでも未来を予想するのではなく、過去を確認するという作業です。ステップ1で見たような**売上高**、そしてステップ2で見たように**収益性**に注目して、事業規模が着実に拡大しているかどうかを確認することができます。

　過去と同じような傾向で売上高が成長している、または営業利益率などが長期的に改善しているのであれば、問題ないといえるでしょう。

反対に、売上高の伸び率が減速している、または減収になったという場合には、外部環境の問題か内部の問題かを確認することが必要です。また、売上高が増えているのに、営業利益率が低下傾向にある場合は注意しましょう。オペレーションで何かボトルネックがあるのかもしれません。

　ステップ3で次に行うのは、商品やサービスが必要な市場がどれくらいあるのかの確認です。機関投資家をはじめとしたプロ投資家の間では「**TAM（タム）**」と呼ばれるものです。どれだけの市場規模があるのかということです。

　ステップ1やステップ2を順調にクリアしても、対象となるユーザーが1万人しかいないものなのか、それとも1000万〜6000万人を対象とするものなのかでTAMは大きく変わります。

　また、ユーザーの市場規模に加え、1人当たりどれくらいの消費をするのかによって、市場規模が決まってきます。1人当たり100円のサービスなのか、それとも1万円のサービスなのかでも、市場規模が変わるのはおわかりでしょう。

TAMの規模＝潜在顧客数×1人当たり想定消費額

「イノベーティブな商品だ」「これまでにないサービスだ」と騒がれても、蓋を開けてみると、対象となる顧客の市場が小さくて、収益は出ても、こぢんまりと終わってしまうこともあります。その場合には、業績が長期にわたって大きく拡大していくことにはなりません。

　ここまで見てきた中華料理店の例でいえば、次のようなポイントが議論となるでしょう。たとえば、すでに出店している地域以外に進出できるのか、また、FC加盟店が進出した際に、加盟店をサポートする体制が整っているのかどうかなどです。

　TAMで考えれば、1人当たりの年間の中華料理の消費額、その消費額が年間どの程度伸びているのかを見ていきます。加えて、食事をするシーンも重要です。たとえば、外食や中食でそれぞれどれくらいの消費額があるのか

がわかれば、事業が大きくなったときに、どの程度の売上高にまで成長する可能性があるのかを想像することができます。

　もちろん、現在、どのような競合企業がいて、その企業がどれくらいのシェアをとっているのかなどを考慮する必要があります。

　このようにして、企業の将来性を考えていきます。

　ここまで３つのステップに分け、10倍株が生まれるメカニズムを見てきました。目の前にしている企業が、３つのステップのどこにあるのか、それともないのかという視点で、将来の10倍株を探していきましょう。

10倍株の成長を見分けるほかのアプローチ

　10倍株が生まれるメカニズムを３つのステップで見てきましたが、それ以外にも、ユーザーの広がり方を軸にする考え方や、商品やサービスを軸にする分析方法があります。

　ユーザーの広がりを軸として、商品やサービスの可能性を理解するのに便利なフレームワークに「**イノベーター理論**」があります。エベレット・M・ロジャーズが提唱した「イノベーションの普及に関する理論」です[2]。ユーザーを、イノベーター（革新者）、アーリーアダプター（初期採用者）、アーリーマジョリティ（初期多数派）、レイトマジョリティ（後期多数派）、ラガード（遅滞者）の５つに分けて、市場の普及率を分析します。

　私は投資において、インフラや商品、サービスの「**普及率**」を重視しています。

　私が株式市場でこれまで見てきたケースでは、**ブロードバンドの「普及率」とインターネット企業の株価、欧州や中国でのエアコンの「普及率」と空調機メーカーの株価**などの相関性は興味深いものがありました。

（2）エベレット・ロジャーズ『イノベーションの普及』（翔泳社）

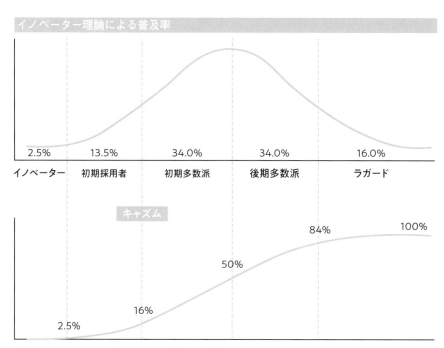

イノベーター理論による普及率

2.5%	13.5%	34.0%	34.0%	16.0%
イノベーター	初期採用者	初期多数派	後期多数派	ラガード

キャズム

100%

84%

50%

16%

2.5%

（出所）エベレット・ロジャーズ『イノベーションの普及』をもとに作成

　とくに、商品やサービスの普及率（たとえば世帯普及率）が10％あたりから株式市場での注目度が上がり、15％を超えたあたりで株価が大きく上昇し始めます。その後は株価の上昇トレンドに入り、普及率が30〜40％程度まで株価の上昇が続きます。その間は、ただ株を持っていれば、とくにメンテナンスをしなくても株価はぐんぐんと上がっていきます。不思議と、普及率が30〜40％台を過ぎたあたりで、株価はいったんだれます。その後は業績次第といったところです。

　ただし、注意点としては、初期採用者と初期多数派の間に「キャズム（深い溝）」があるといわれていることです。普及率で見れば、そのポイントは16％程度です。普及率で15〜16％にあるキャズムを超えることができれば、その後に株価は上昇するので、キャズム超えは必要ということになります。

　何がいいたいかといえば、「普及率で10％を超えたら買い」という人もい

ますが、その後の普及率のフォローも必要だということです。キャズムを乗り越えられない商品やサービスは当然あります。その点については、過去の利用者や売上高のトレンドを見て、普及率を確認することができるでしょう。いずれにせよ、慌てないことが大事です。

10倍株を手にするための3つの条件

ここまで10倍株が発生するメカニズムについて、各ステップでの特徴を見てきました。ここでは、財務的な内容も交えながら、10倍株となるための条件を確認していきましょう。

10倍株になれるかどうかは、以下の条件があると考えています。ただし、10倍株となるかは株式市場次第のところがあり、これらの条件を満たせば必ず10倍株になるというわけではありませんが、これらが揃うと、10倍株になる可能性は高まっていくと考えています。それは、以下の3つです。

・ROE が 12％以上の実績がある
・上記の ROE の水準以上を今後も複数年にわたって実現できそう
・利益成長を継続することができそう

ここであげた条件に関して、なぜ重要なのかについて見ていきましょう。

バフェットのROEの目線とは

ROE の水準については、2014 年に伊藤レポート（「持続的成長への競争力とインセンティブ〜企業と投資家の望ましい関係構築〜」プロジェクト最終報告書）で「グローバルな投資家から認められるにはまずは第一ステップと

して、最低限 8％を上回る ROE を達成することに各企業はコミットすべきである」と述べています。[3]

　もっとも、伊藤レポートに指摘されるまでもなく、世界で最も有名な投資家であるウォーレン・バフェットが経営するバークシャー・ハサウェイのアニュアルレポートにも ROE に関しての記述があります。同社が買収をしたい会社の基準の一つとして、以下のようにあげています。[4]

「従業員数が少ないか負債がない一方で ROE が高い事業収益を持つ会社」

　しかし、アニュアルレポートでは、ROE でどの程度の水準がよくて、どの水準が悪いのかまでは書かれていません。そこで、バークシャー・ハサウェイの保有銘柄を見ていくことで、その目線を確認しましょう。

　たとえば、2019 年のバークシャー・ハサウェイのアニュアルレポートに記載されている主な投資先企業の ROE は以下のとおりです。[5]

　ウェルズ・ファーゴやバンク・オブ・アメリカといった金融機関の ROE は 10％程度です。もともと金融機関の ROE はそれほど高くはありません。

　それ以外の企業については、航空会社の ROE は 20 ～ 30％台、また、アッ

バークシャー・ハサウェイの主な投資先上場企業のROE

	ROE	直近決算期
アメリカンエキスプレス	30%	2019年12月
ムーディーズ	265%	2019年12月
ウェルズ・ファーゴ	10%	2019年12月
バンク・オブ・アメリカ	10%	2019年12月
コカ・コーラ	50%	2019年12月
デルタ航空	33%	2019年12月
サウスウエスト・エアラインズ	23%	2019年12月
アップル	56%	2019年12月

（出所）会社資料および Yahoo！ファイナンスをもとに筆者作成

（3）https://www.meti.go.jp/policy/economy/keiei_innovation/kigyoukaikei/pdf/itoreport.pdf
（4）https://www.berkshirehathaway.com/2017ar/2017ar.pdf　p.23
（5）2019年時点での保有銘柄であり、すでに売却されたものも含まれます。
　　　https://www.berkshirehathaway.com/2019ar/2019ar.pdf　p.10

プルやコカ・コーラといった消費者向けブランドのある企業のROEは50％台、そしてムーディーズは200％を超えています。

こうして米国の優良企業を見てくると、伊藤レポートにおいて、日本全体の上場企業としてROEで8％を目指そうという掛け声が、なんとも寂しく聞こえます。

このように米国には高いROEを実現できる企業があるということを知ってしまうと、そもそも「投資家としての目線が違う」となってしまいますが、「目線が違う」で終わらせてしまっては、日本株の投資機会を失うことになります。

10倍株に日米の違いはありません。10倍になるのであれば、どこの上場市場かを問うこともないでしょう。むしろ、日本人であれば、なじみのある市場で投資ができるのに越したことはありません。

一方、ROEだけに注目すればよいというわけでもありません。その理由は、財務レバレッジが高いと、理論上はROEが高くなるからです。

その点に関して、バフェットは「負債がない」という条件を付けて、財務体質がよい中でのROEの高さを重視しています。ROEの水準とともに財務体質を確認することは必要です。

もっとも、財務体質の議論の前に、日本企業の場合には、そもそも「ROEの水準が低すぎる」ことに問題があります。ROEは、株主資本に対しての株主の儲け率（リターン）を示す指標ですから、株主にとって最も重要な指標であることは間違いありません。

10倍株に必要な最低線でのROE水準

さて、10倍株を探すためには、ROEの水準はどれくらいあればよいでしょうか。

これは投資期間をどの程度辛抱強く待てるかにもよりますが、のちほど見

る過去の 10 倍株の実績を参考にすると、少なくとも **ROE で 12％前後を継続的に達成できる企業**であることが銘柄選択の最低線として考えています。

　ROE が 12％というのは、伊藤レポートが掲げた 8％を 5 割上回る水準です。上場企業が「ROE で 8％を目指そう」といっている中、「継続的」に ROE で 12％以上を計上する企業はそう多くありません。ROE で 12％以上の水準を継続的に計上すれば、株式市場では結果的に目立つようになります。

　先ほどのバークシャー・ハサウェイのポートフォリオの銘柄を見ると、「本当に ROE は 12％で大丈夫？」と聞きたくなるかもしれませんが、のちほど紹介する日本の上場企業の 10 倍株の例をご覧いただくと、ROE が 12％程度でも大丈夫なことがわかると思います。

　ここまで ROE の水準について触れてきましたが、ROE が一時的に 12％を超えていればよいかというと、そうではありません。ROE の水準に加えて、**時間という要素**が必要になってきます。

ROE の水準と時間の組み合わせが重要

　株式投資において、ROE が複利の基盤となることは第 3 章で見てきました。複利がその威力を発揮するためには時間が必要です。

　短期的にトレーディングを繰り返す投資家層には ROE はあまり関係ない指標かもしれませんが、長期投資家にとっては非常に重要です。その理由が ROE と時間の関係にあります。ROE の水準と時間の経過で、株主資本がどのように推移するのかを見てみましょう。

　次の図は、毎年 ROE がそれぞれ（8、10、12、20、25、26％）を 10 年間維持し続けたときの株主資本の変化を見たものです。ここでは、株主への配当はせずに内部留保し、かつ ROE を維持し続けるというものです。同一の ROE 水準で株主資本を複利で拡大させていきます。

　一目見ればすぐにわかるのですが、時間の経過とともに、ROE の水準次

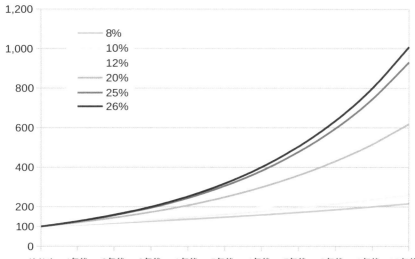

	8%
	10%
	12%
	20%
	25%
	26%

（出所）著者作成

第で株主資本が大きく変わっていくのが見てとれます。たとえば、伊藤レポートで触れた ROE が 8％の会社であれば、株主資本が 2 倍になるのに 9 年近くかかります。

　私が 10 倍株をスクリーニングする上で目安とした「ROE が 12％」であれば、6 年で株主資本は約 2 倍、10 年で約 3 倍になります。また、第 3 章で見たように、ROE が 25％あれば、約 3 年で株主資本は 2 倍、10 年後には約 9 倍程度にまで拡大しています。

　このように ROE の水準とその後の時間の経過で、株主資本の拡大のペースは大きく異なります。時間が経過すればするほど、ROE の水準次第で株主資本が変わってきます。それゆえに、長期投資家であればあるほど ROE にこだわる理由がおわかりいただけたかと思います。

　ただ、10 倍株を探す上で、株主資本が必ずしも 10 倍になる必要はありません。

その理由は、継続的に当期純利益を計上し、株主資本を積み上げていくと、株式市場は将来の収益が株主資本を拡大させる可能性があることを事前に織り込んでいくからです。そうすることで、株主資本の拡大ペース以上に株価が上昇するという傾向があります。これは**バリュエーションの問題**で、詳しくは第5章で説明します。

　米国株のように高ROEの企業がたくさんあればいいのですが、日本株でROEの基準をあまり厳しくしてしまうと、10倍株を探す際のユニバース（候補銘柄）が減ってしまいます。

　したがって、ROEの水準は12％程度の目安を置きながら、候補となりそうな銘柄を探すのがよいでしょう。

利益成長の継続性

　ROEによる株主資本の複利効果を享受するには、ここまで見てきたように時間をかける必要があります。

　投資で利益を手にしたい人の中には、短期間に投資に充てた金額の何倍もの利益を手にしたいと考える人がいるかもしれません。実際に、短期的に株価が大きく上昇することはあります。そして、それは株式投資が多くの人を魅了する理由の一つでもあります。

　ただ、短期的な株価上昇は、需給による影響や単に短期的に業績が変化しただけということも多く、会社の業績がその後も継続していくとはかぎりません。株価が安定的に長期上昇トレンドとなるためには、**株主資本の積み上がりを確認する**ことが必要となります。

　ここまで見てきたように、株主資本を積み上げるには、ROE水準を維持し、加えて時間をかける必要があります。株主資本が何倍にもなるためには「1日にしてはならず」です。

　また、先の第3章でも見たように、一時的に高いROEを出しても、当期

純損失（最終赤字）を計上すれば、株主資本が棄損してしまいます。まさに「3歩進んで、2歩下がる」というような状況です。したがって、継続的に利益を計上することが重要になってきます。

とはいうものの、ROEを維持するのは、経営者からすれば、決して楽な仕事ではありません。その理由について見ていきましょう。

利益を計上することで株主資本が増えていくのはいいことなのですが、ROE水準を維持するためには、利益水準、もっというと当期純利益の水準も上げていかなければなりません。

下の表は、会社が成長を続けながらROE水準を維持しようとする場合、どのように利益を増やしていかなければならないかを示したものです。ここでは、株主資本が100でROEが20％、当期純利益から株主への配当は行わないとします。

ROEで20％を毎期達成するためには、利益も同じ比率、つまり毎年20％ずつ成長していかなければなりません。事業機会が豊富にあって、収益性が変わらないのであれば可能ですが、そうでなければ難しいといえます。

	株主資本	当期純利益	ROE
1年目	100	20	20%
2年目	120	24	20%
3年目	144	29	20%
4年目	173	35	20%
5年目	207	41	20%

（出所）著者作成

利益水準が変わらず、株主への配当もせずに株主資本を積み上げるだけだと、どうなるのでしょうか。これは極端な例ですが、日本企業の多くが陥っているケースかもしれません。以下のようにROEの水準が下がっていってしまいます。

	株主資本	当期純利益	ROE
1年目	100	20	20%
2年目	120	20	17%
3年目	140	20	14%
4年目	160	20	13%
5年目	180	20	11%

（出所）著者作成

　これは、株主に配当をしない代わりに、会社の資産に現金が積み上がっているということです。株主からすれば、「使い道がないのであれば配当しろ」ということになります。

　利益水準が大きく変わらない中でROEの水準を維持していこうと思えば、株主に配当を行い、株主資本の水準を一定に保つ必要があります。しかし、これでは株主資本が増えません。

	株主資本	当期純利益	株主配当	ROE
1年目	100	20	20	20%
2年目	100	20	20	20%
3年目	100	20	20	20%
4年目	100	20	20	20%
5年目	100	20	20	20%

（出所）著者作成

　安定的な配当を手にしたいという株主のニーズは満たしますが、株主資本が拡大していない以上、経済環境が大きく変化したり、自社が原因で大きな当期純損失を出したりした場合には、株主資本は棄損し、配当もなくなってしまうかもしれません。

　また、業績が悪化し、営業活動によるキャッシュフローが減少する場合には、借入で資金調達をしなければならないこともあるでしょう。そのようなときには、株主資本が積み上がっているほうが有利といえます。

　したがって、株主としては、利益の中から将来の事業に必要な資金を残し、それ以外を配当して、ROE水準を維持しながら株主資本を積み上げていく

会社が理想ということになります。

株主還元も程度問題

　米国では、以前から、経営者に対する株主還元へのプレッシャーから特徴的な動きがあります。配当よりも、自社株式の取得（自社株買い）が増えてきているのです。⁽⁶⁾

　実際、自社株買いの株主へのメリットはいくつかあります。よくいわれるのは、以下のようなポイントです。

・**配当は株主の受け取り時点で課税されるが、自社株買いではその時点で株主に課税されない**
・**株式市場で自社株式が割安に放置されていると考えている、という経営者のメッセージを市場に伝えることができる**

　こうした株主にメリットのある自社株買いですが、最近では、一見すると首をかしげたくなる状況にも陥っています。

　それは、自社株買いの影響が大きくなって、業績は不調でもないのに、株主資本がマイナス（債務超過）になる（!?）という状況に陥っている会社が少なくないことです。

　例として、米国のホームセンター大手のホーム・デポの決算資料を見てみましょう。⁽⁷⁾

　ホーム・デポは、日本人にはなじみがないかもしれません。2020年2月期の売上高は1102億ドル（1ドル110円換算で12兆1200億円）で、営業利益は158億ドル（同1兆7420億円）もある巨大な小売業です。

（6）https://www.schroders.com/ja-jp/jp/asset-management/insights/special-reports/201812062/
（7）https://ir.homedepot.com/~/media/Files/H/HomeDepot-IR/2020/2019_THD_AnnualReport_vf.pdf　p.33

（100万ドル）

Common Stock（普通株の資本金）	89
Paid-in capital（払込剰余金）	11,001
Retained earnings（利益剰余金）	51,729
Accumulated other comprehensive loss（その他包括損失）	-739
Treasury stock（自社株式）	-65,196
Total stockholders' (deficit)equity（株主資本〈欠損金〉計）	-3,116

（出所）会社資料

2020年6月5日時点の時価総額は2741億ドル（同30兆円）もあり、トヨタ自動車の23兆円をはるかに超えています。

　そのようなホーム・デポが債務超過と聞くと、みなさんどう思いますか。

　上の表は、株主資本についての記載です。ご覧のように株主資本金がマイナスになっています。

　これは、自社株式が資本金、払込剰余金、利益剰余金の合計を上回っているためです。自社株式は取得原価で計上されており、その合計の651.96億ドル（同7兆1700億円）が計上されています。

　なぜここまで自社株買いを進めるのでしょうか。自社株買いの株主にとってのメリットは先にも触れましたが、経営者にもメリットがあります。

- **EPS（1株当たり利益）は自社株式控除後で計算するため、自社株式が多くなると、利益水準が変わらなくてもEPSが計算上増える**
- **（経営者が手にしている）ストックオプションなどの将来希薄化する株式の調整弁となる**
- **自社株には配当は支払われないので、現金が外部に流出するのを防ぐことができる**

このように、株主だけではなく、経営者にとってもメリットがあるのです。しかし、これは本当に望ましい姿なのでしょうか。

　自社株買いをする影響について改めて考えてみましょう。

　自社株買いは、配当に代わる株主還元策だと触れました。であるとすれば、会社の将来の成長に必要な投資に振り向ける資金ではないということです。自社株を企業買収などに使う予定がないのであれば、自社株買いに向けられる資金は、将来の成長のための株主利益をもたらさないのです。

　配当として株主に払い出すのと同様に、自社株買いに充てる資金が本当に不要なのであれば、自社株式を消却するはずですが、先ほどの例でも見たように必ずしもそうなってはいません。

　その一つの理由に、経営者などのストックオプションに充てる株式の調整弁としての機能があると思います。自社株買いが好きな投資家の中には、発行済株式総数が増えるのをよしとしない投資家も多いでしょう。であれば、自分たちの将来のボーナスを構成するストックオプションを正当化するためにも自社株は必要となります。

　となると、拡大する自社株買いは、株主にとって必ずしもメリットばかりではないということになります。自社株があるという理由で、本来出すべき以上にストップオプションを発行していた場合には、会社の資金を使って、経営者などに利益を過剰に払い出していたことにもなりかねません。そういった観点から、私は、自社株買いの会社に対しては注意深く見ています。

　ただし、これは一概に経営者だけを責められません。米国の場合は、とくに株主からの株主還元の要求が強いことはよく知られています。

　配当や自社株買いの要求があるのと「無駄な資金は会社に残すな」というプレッシャーが強いのです。したがって、会社に無駄な現金などがあるという状況は、日本企業のように許されません。

　改めて、ホーム・デポのキャッシュフロー計算書を見てみましょう。⁽⁸⁾

(100万ドル)

	2017年度	2018年度	2019年度
営業活動によるキャッシュフロー(a)	12,031	13,038	13,723
当期純利益	8,630	11,121	11,242
その他	3,401	1,917	2,481
投資活動によるキャッシュフロー(b)	-2,228	-2,416	-2,653
設備投資	-1,897	-2,442	-2,678
その他	-331	26	25
フリーキャッシュフロー(a)+(b)	9,803	10,622	11,070
財務活動によるキャッシュフロー(c)	-8,870	-12,420	-10,834
株主還元策(d)	-12,212	-14,667	-12,923
(配当)	-4,212	-4,704	-5,958
(自社株買い)	-8,000	-9,963	-6,965
その他	3,342	2,247	2,089
(長期借入)	2,991	3,466	3,420
(長期借入金返済)	-543	-1,209	-1,070
現金および現金同等物の変化(a)+(b)+(c)	933	-1,798	236

（出所）会社資料をもとに著者作成

　この表からわかるのは、毎期1兆5000億円近い営業活動からのキャッシュフローを稼ぎながら、設備投資は3000億円程度しか必要ないことです。

　毎期、長期借入を行っているのですが、その返済は1000億円を超える程度で、フリーキャッシュフロー（＝営業活動によるキャッシュフロー＋投資活動によるキャッシュフロー）が1兆円を超える水準なのに比べれば大したことはありません。

　長期借入の中から長期の返済もまかなえてしまう状況です。こうなると、余ったキャッシュフローは自社株買いと配当に回ることになります。米国の企業は会社内に無駄な現金を置いておくことが簡単には許されません。営業活動で生み出すキャッシュフロー（a）をほぼ株主還元

(8) https://ir.homedepot.com/~/media/Files/H/HomeDepot-IR/2020/2019_THD_AnnualReport_vf.pdf　p.37

策（d）で吐き出してしまうことになります。これではキャッシュは貯まりません。もちろん株主資本も増えないということになります。

　ただ、株主資本の水準が変わらないにもかかわらず、借入を活用するなどして利益水準が増えていけば、ROE水準がどんどん切り上がっていくことになります。しかし、余剰のキャッシュフローを自社株買いに充てていると、自社株式の会計処理によって、今回のホーム・デポのように、場合によっては債務超過のようにもなり、株主資本が見えにくくなってしまいます。

　通常、現金で株式を購入すると、バランスシートの資産の中で、項目が現金から有価証券に変わります。しかし、自社株式の場合には、資産には計上されず、株主資本を相殺するように計上されます。

　会計のルールなので仕方がありませんが、株主資本がマイナスになるような状況にもなると、株主資本を前提とするバリュエーション（株価評価）が難しくなります。暫定的には、自社株式を考慮する前の株主資本（自社株式控除前株主資本）を前提にROEを評価するという手もあります。

　また、株主資本がマイナスの場合には、ROAのように総資産を前提にする評価も必要でしょう。

　このように、バリュエーションでもある程度の工夫はできますが、株主資本のようにストックを前提とするわかりやすい指標は使いにくくはなります。株主資本がマイナスになった会社は、利益やキャッシュフローといったフローのベースのバリュエーションが中心になります。しかし、さまざまなアプローチから評価したい投資家からすれば、「いまいち」な気がします。

　次の図は、ホーム・デポとS&P500の過去10年のパフォーマンスを比較したものです。一目瞭然ですが、ホーム・デポの株価は圧倒的にS&P500を上回っています。

　自社株買いによって株主資本はマイナスになり、ROEはよくわから

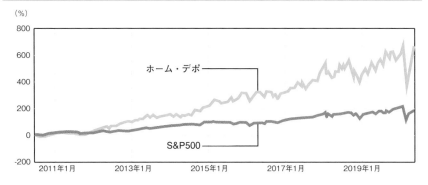

(%)

なくなっていますが、業績は好調だし、株主還元がしっかりしているので、株式市場での評価も高いです。株式市場もホーム・デポの配当政策を含む資本政策を評価しています。しかし、懸念事項はないのでしょうか。

今回発生した新型コロナウイルスのような想定していない「有事」の事象が起きた場合、事前に想定した営業キャッシュフローが出ないこともありえます。その際、借入の返済などについて、「平時」における借り換えが前提になっていたら、金融機関の貸し出し姿勢が変わって、想定したように借入ができなくなり、資金繰りに窮することにもなるかもしれません。

また、そもそも営業から生み出されるキャッシュフローを活用して投資をする領域が少ないこと自体も問題です。キャッシュフローの安定性は評価できても、企業の成長性に対して疑問を持たなければいけないこともあるでしょう。

これが日本株の10倍株だ、いや100倍株もある

　さて、どのような日本企業が10倍株となったのでしょうか。ここでは、過去10倍以上になった銘柄をピックアップして、それらの企業がどのような経緯で10倍株になったのかを見ていくことにします。

　その際に、「**10倍株への3つのステップ**」および「**10倍株を手にするための3つの条件**」も併せて見ていきましょう。ここで見ていく銘柄については、すでに10倍株になっているので、「10倍株への3つのステップ」のうち、最初の2つのステップは基本的には終えています。したがって、それぞれの企業については、第3のステップの「スケーラビリティ（拡張性）がある」かどうかについて、今後を改めて想像しながら読み進めていただければと思います。

　また、「10倍株を手にする3つの条件」については、過去の実績を振り返りながら、今後はどうなるのかという点も併せて見ていくと、みなさんがこれから10倍株を探すのによい練習になると思います。

　・ROE が 12％以上の実績がある
　・上記の ROE の水準以上を今後も複数年にわたって実現できそう
　・利益成長を継続することができそう

　さて、株価が何倍上昇したかを見るにあたっては、株価をリーマンショック前から最近までを比較したいと思います。早いもので、リーマンショックが2008年ですから、もはや10年以上が過ぎたことになります。

　なぜリーマンショック前から見るのかというと、2つの大きな理由があるからです。

　一つは、リーマンショック後に多くの銘柄の株価が下落したからです。

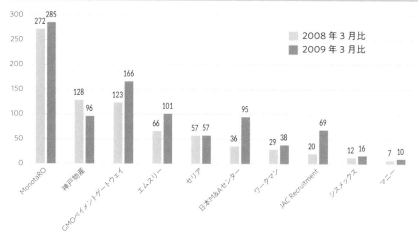

株価は何倍になったのか

- 2008年3月比
- 2009年3月比

MonotaRO 272 / 285
神戸物産 128 / 96
GMOペイメントゲートウェイ 123 / 166
エムスリー 66 / 101
セリア 57 / 57
日本M&Aセンター 36 / 95
ワークマン 29 / 38
JAC Recruitment 20 / 69
シスメックス 12 / 16
マニー 7 / 10

（出所）著者作成

2009年の株価と比較すると、かなりの銘柄の株価パフォーマンスがよくなってしまうことから、基準となる株価のハードルを上げました。株価パフォーマンスについては、2008年3月の安値、2009年3月の安値のそれぞれを基準とし、2020年11月末と比較しています。

　もう一つは、10倍株の特徴を見る際に、リーマンショック後に決算でしっかりと収益を計上できているかを確認するためです。

　結論としては、10年超の時間をかけて10倍以上になっている銘柄があるだけでなく、驚くべきことに100倍以上になっている銘柄もあります。ここでは、以下のような10倍株があります。

- MonotaRO
- セリア
- 神戸物産
- GMOペイメントゲートウェイ
- JAC Recruitment

・ワークマン

・エムスリー

・日本M＆Aセンター

・マニー

・シスメックス

　これらの銘柄の傾向として、そのほとんどは2009年3月の安値を基準とした ケースのほうが当然ながら株価のパフォーマンスはよいのですが、2008年3月の安値比でもそれぞれ非常に高いパフォーマンスを出しています。

　それでは、上記の銘柄の中で、いくつかの企業をピックアップして、深掘りしていくことにしましょう。

MonotaRO（事業者向けEC）

　MonotaRO（モノタロウ）というと、一般の消費者にはあまり知られていないかもしれませんが、機関投資家の間では、高成長を遂げたことで有名な会社です。ECを通じて、生産資材でない、間接資材などの商品販売を工場向けに行っています。2000年に住友商事と米グレンジャー・インターナショナルとの合弁会社として設立され、2006年に東証マザーズに上場しました。

　電話やFAXで注文を受けて、卸の間で何次も経由して商品が運ばれていた状況に対して、MonotaROは今やネットで受注し、自社が運用する倉庫から発送するというビジネスモデルを確立しました。また、インターネットで利用者への認知増を図り、取り扱う商品アイテムを増やしながら事業規模を拡大していきました。

　このようにデジタル（ネットでの告知と受注）とリアル（倉庫の運用）を組み合わせて事業規模を拡大してきたことがわかります。今後も、ネット経由以外の商流をデジタル活用で取り込んでいくことが期待されます。

MonotaROの主な決算数値・財務指標

（百万円）　　　　　　　■ 売上高　　■ 当期純利益　　━ 営業利益率　　　　　　（%）

（百万円）　　　　　　　■ 株主資本　　━ 株主資本比率　　　　　　（%）

（%）　　　　　　　━ ROE

（出所）決算資料をもとに著者作成

営業利益を見ると、2009年12月期はリーマンショックの影響もあり、対前年比は減益になったものの、その後は成長を続けています。驚くべきは利益成長率です。2008年12月期から19年12月期までの営業利益の年平均成長率（Compound Annual Growth Rate：CAGR）を見ると27％にも達します。

　同じ期間での当期純利益の年平均成長率は23％です。リーマンショック後の2008年12月期、09年12月期も当期純利益を計上し、事業を着実に拡大してきた会社です。

　売上高も年平均で23％成長していますから、売上高の成長が営業利益を牽引したともいえます。営業利益率は1桁台後半から一時は10％台半ばまで上昇しており、収益性が長期で改善していることもプラスです。

　売上高を増やしながら収益性を上げることは簡単なように見えますが、実際にはなかなか難しいものです。売上高を増やす過程で収益性が低い商品が増えることもあり、また、大きく設備投資をしないといけないことなどもあって、全体の収益性を改善させるのは難しいといえます。その点は同社が評価されてもよいでしょう。

　続いて、株主資本と株主資本比率ですが、継続した当期純利益によって株主資本が積み上がっています。株主資本は年間で22％成長してきたことになります。

　また、株主資本比率は2015年までは5割程度で推移してきたものの、2015年12月期以降は上昇し、現在は60％を超えるまでになってきました。財務内容が改善してきたといえます。

　ROEについては、2008年から19年12月期までを平均すると32％という極めて高い水準です。外国人投資家は「ROEが25％の会社の株主資本は3年で2倍になる」ことに注目しているというのは見てきたとおりですが、その上をいく水準です。

　ただ、足元では株主資本が積み上がるとともに、ROEは若干ですが下落傾向にあります。これまで積み重ねてきた資本の使い方について、株主に問われる局面が増えることでしょう。

財務体質を強化すると、ROE は下がることになり、株主の要求とは反対の動きになることがあります。今後は、同社が積極的な設備投資に出るのか、株主還元をするのかが注目されます。

セリア（100円ショップ）

　セリアをご存じの方も多いと思います。一工夫あるおしゃれな商品を取り扱う 100 円ショップで、本社は岐阜県大垣市にあります。1985 年 3 月に創業。2003 年 9 月に店頭登録しました。

　売上高は出店とともに拡大してきました。成功した店舗とオペレーションのフォーマットを拡大していくというのが、小売業のビジネスモデルの根幹です。2020 年 10 月時点で 1696 店舗（うち FC 店舗が 46 店舗）となっています。

　100 円ショップの業界最大手はダイソー（未上場）ですが、セリアの場合は、おしゃれなアイテムを取り扱っていることから、消耗品としての 100 円グッズではなく、生活用品としての領域を確立しつつあります。

　営業利益率は 2009 年 3 月期に一時的に落ち込んだものの、その後は上昇トレンドになりました。現在は 10％程度の水準となっています。営業利益は 2008 年 3 月期から 20 年 3 月期まで年率平均で 19％の成長をしています。同期間の売上高の成長率は 9％ですが、営業利益率の拡大とともに営業利益の成長率は高くなっています。

　当期純利益については、2009 年 3 月期に一時的に減益になっているものの、黒字を維持し、その後は増益を継続しています。2008 年 3 月期からの当期純利益の成長率は営業利益を上回り 21％となっています。

　当期純利益が継続して積み上がり、株主資本比率は 2010 年 3 月期を底に上昇を続け、2020 年 3 月期には 70％を超えています。当期純利益の積み上がりとともに、株主資本比率も上昇してきたといえます。

　ROE は、2012 年 3 月期の 28％をピークに低下傾向を続けています。2008

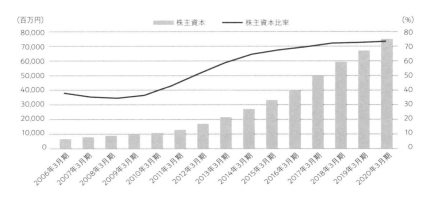

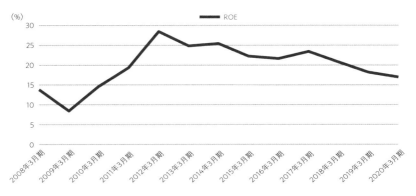

（出所）決算資料をもとに著者作成

年3月期から20年3月期までの平均は19％となっており、ピーク時と比較すると、低い水準になっています。

　こうした状況は株主からすると望まないものであり、今後、株主からROEを改善させるような施策（たとえば、よりリターンの高い事業への投資、そういった機会がないのであれば増配や自己株買いなど）の取り組みを要求される可能性もあります。

エムスリー（医療従事者向け情報提供サービス）

　エムスリーは、2000年9月にソネット・エムスリーとして創業。インターネットを活用し、医療従事者向けに製薬会社の情報を提供するサービスを開始しました。2004年9月に東証マザーズに上場。

　企業買収などを通じて、事業領域を拡大していきました。現在、医療関連会社のマーケティング支援をはじめ、臨床開発業務や治験業務などの支援、人材サービスなども展開しています。また、国内だけでなく、海外での事業展開にも積極的です。既存事業の収益性を維持しながら、M&Aを通じて地域別・事業別の目標を定めて収益拡大を狙うのが同社のビジネスモデルです。

　次ページの表は、エムスリーの企業買収、連結子会社化の主なイベントをまとめたものです。国内にとどまらず、海外企業の買収を繰り返しているのがわかります。また、地域的な拡大だけではなく、業態拡大を狙っているのもわかります。

　119ページの図は、単体と単体以外の売上高、単体売上高比率を示したものです。2014年3月期には単体の売上高比率が50％を下回り、現在は20％程度となっています。単体の伸びが鈍化しているのが気になりますが、M&Aを通じて同社の売上高が拡大しているのがわかると思います。

　2008年3月期から20年3月期の売上高の平均成長率は27％となっています。2008年3月期に75億円あった売上高は2019年3月期には1000億円

年月	イベント
2003 年 10 月	So-net M3 USA Corporation（現 M3 USA Corporation）設立
2005 年06 月	韓国 Medi C&C Co., Ltd. を連結子会社化
2006 年06 月	米国 MDLinx, Inc. を連結子会社化
2009 年04 月	大規模臨床研究支援事業のメビックスに公開買い付け、連結子会社化
2009 年 12 月	医師・薬剤師向け求人広告事業や人材紹介事業を行うエムスリーキャリアを設立
2010 年 11 月	英国 EMS Research Limited を連結子会社化
2011 年 04 月	医療用医薬品に関する広告代理店のリノ・メディカル、 学会・研究会の会員制コミュニティ運営の学会研究会 jp を連結子会社化
2011 年 08 月	英国医師向けポータルサイト運営 Doctors.net.uk Limited を連結子会社化
2011 年 09 月	治験業務管理・運営のメディカル・パイロットを連結子会社化
2011 年 12 月	治験業務管理・運営のフジ・シーアール・エスを連結子会社化
2012 年 08 月	治験業務支援の MIC メディカルを連結子会社化
2012 年 10 月	電子カルテ等の開発・販売・サポート運営のシィ・エム・エスを連結子会社化
2013 年 11 月	中国 Kingyee Co., Limited を連結子会社化
2014 年 02 月	治験業務支援のメディサイエンスプラニングを株式交換により連結子会社化
2014 年08 月	医療機関運営サポートのエムスリードクターサポートを設立
2015 年 06 月	医療用医薬品に関する広告代理店事業を営むヌーベルプラスを連結子会社化
2015 年 07 月	医薬品研究開発支援事業運営の POC クリニカルリサーチを連結子会社化
2016 年 01 月	病院検索サイトなど運営の Qlife を連結子会社化
2016 年 07 月	インド Health Impetus Private Limited を連結子会社化
2016 年 11 月	フランス・ドイツ・スペイン中心に医薬品情報 DB 関連事業運営の Vidal Group の 持ち株会社 AXIO Medical Holdings Limited を連結子会社化
2016 年 12 月	医療系広告代理店インフロント、アイジー・ホールディングスを連結子会社化
2017 年 11 月	医療機器販売、コンサルティングを行うコスモテック、ジャメックスの連結子会社化
2018 年08 月	脳梗塞リハビリ施設運営のワイズを連結子会社化
2018 年 10 月	新日本科学 SMO を連結子会社化
2019 年 03 月	インド DailyRounds, Inc. を子会社化

（出所）決算資料をもとに著者作成

を超え、2020 年 3 月期には 1300 億円にまで達しています。

　営業利益率については低下傾向にありますが、2008 年 3 月期から 20 年 3 月期までの平均は 31％です。収益性の高い事業を展開しているといえます。営業利益率を維持するよりも、地域および事業領域の拡大を選択していると

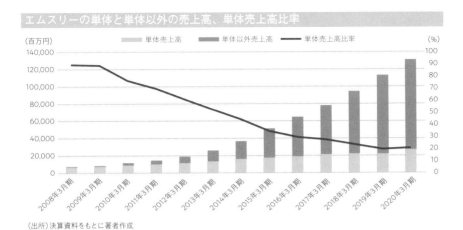

エムスリーの単体と単体以外の売上高、単体売上高比率

（百万円）　　　　■ 単体売上高　　　　■ 単体以外売上高　　　ー 単体売上高比率　　　（%）

（出所）決算資料をもとに著者作成

いえます。

　売上高の年平均成長率は 27％でしたが、営業利益率が下落しているので、営業利益の年平均成長率は 21％になっています。

　当期純利益は、2009 年 3 月期もリーマンショックの影響を受けることなく、増益トレンドを継続しています。2008 年 3 月期から 20 年 3 月期までの当期純利益の年平均成長率は 22％となっています。

　当期純利益を継続的に計上できており、株主資本が継続的に積み上がっています。株主資本比率は安定的に 7 割を超えています。

　株主資本は、2008 年 3 月期から 20 年 3 月期までの年平均成長率で 29％となっており、この水準は「ROE が 25％であれば、株主資本は 3 年で 2 倍」をクリアしているといえます。

　また、2019 年 4 月にはドコモとソニーに約 500 億円の第三者割当増資を行っており、さらに株主資本が大きく拡大しています。

　この増資は、今後の M&A に伴う株式取得費用など、引き続き投資を行っていくための資金とされています。M&A による事業拡大が同社の売上高、利益のドライバーになるという状況は、今後も続きそうです。

　ROE に関しては、2019 年 4 月の増資前までは 20％台を維持しており、

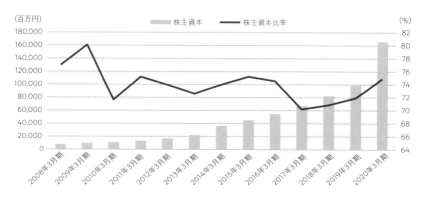

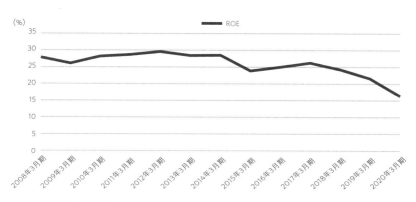

（出所）決算資料をもとに著者作成

2008年3月期から19年3月期の平均では23％となっています。足元では、増資の影響でROEが20％を切ることになっていますが、それ以前までROEで20％台を維持していたということから、ここまで経営陣は株主資本の拡大とROEの管理に成功していると評価してもよいと思います。

今回の増資で一時的にROEが大きく低下しましたが、今後のM&Aでどの程度のROE水準に戻せるのかが注目すべき点といえます。

マニー（医療用縫合針等を扱う医療器具メーカー）

1956年創業の歴史がある医療機器メーカーです。代表的な製品にアイド縫合針があります。切開後の縫合に使用される針で、糸が付いていない状態で出荷され、手術室で糸をつけて使用されます。[9] 2001年6月に店頭登録。

2015年5月にはドイツのSchütz Dental GmbHおよびGDF Gesellschaft für dentale Forschung und Innovationen GmbHの株式を取得しています。

ドイツ企業買収以前は、売上高や利益は成長しているものの、低成長率でした。投資家の間でも「収益性は高くていい会社だけれども、成長率が低いよね」という評価でした。そんな中で、ドイツの2つの企業買収を行いました。

M&Aを通じて売上高の拡大を狙ったはずですが、収益性は低下してしまいます。結局、2018年7月にSchütz Dental GmbHの売却を決定し、改めて収益性を改善させようと動いています。

売上高の成長率は2008年8月期から20年8月期の年平均で5％と、ここまで見てきた企業に比べて低成長となっています。海外での成長機会を期待して買収をし、一部売却するなど、バタついている印象はありますが、今後の事業規模拡大策としてM&Aを継続できるのかは注目されます。

営業利益率はドイツの2企業を買収する前には30％を超えていましたが、

---

(9) https://ssl4.eir-parts.net/doc/7730/yuho_pdf/S100HGNQ/00.pdf
　　http://www.mani.co.jp/dictionary/

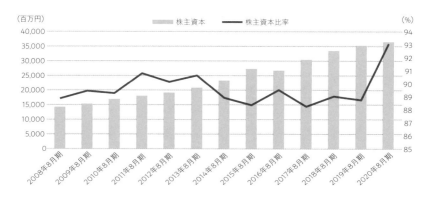

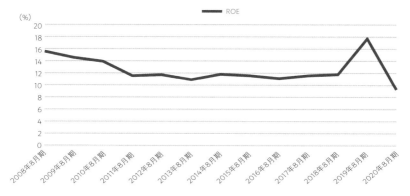

(出所)決算資料をもとに著者作成

買収後に低下。20％台にまで落ち込みました。そして、Schütz Dental GmbH 売却後は再び30％台に回復しています。

2008年8月期から20年8月期までの営業利益率の平均は31％となっており、収益性にこだわる経営陣の姿勢が見えてきます。

ただ、営業利益の同期間の年平均成長率は2％と、売上高が5％であるのに比べると物足りません。今後、売上高成長と収益性とで、どのようにバランスをとっていくのか、経営陣の判断に注目しましょう。

事業内容から安定的な当期純利益が継続し、株主資本が積み上がってきたのは前ページの図からわかります。

株主資本比率は一時的に9割を超えるなど、財務内容は強固です。しかし、ここまで高い株主資本比率を株主は望まないでしょう。そうした背景もあり、企業買収にかじを切る行動をとったのだと思います。今後、事業規模を拡大する際に、企業買収の成功確率を上げていけるかどうかが注目点となります。

ROEは一時的な要因がある2019年8月期を除くと、10％台前半の水準になります。2008年8月期から20年8月期の平均のROEは12％です。営業利益率が高い一方で、株主資本比率が高いことから、ROEが低くなっています。

2020年8月期の貸借対照表を見ると、総資産393億円のうち、現金および預金が172億円あります。ROEを高めるために、配当や自己株式買い入れ・消却などの株主還元策をしたり、事業機会がある場合には、現預金を活用したM&Aなどを通じてROEを高めていく必要があります。

シスメックス（検体検査機器・試薬メーカー）

1968年2月に東亞特殊電気（現TOA）が製造する血球計数装置の販売会社「東亞医用電子」として兵庫県神戸市に設立。1972年2月に東亞特殊電機の医用電子機器開発製造部門の営業を譲り受けます。1995年11月に大阪

証券取引所に上場。1998年10月にシスメックスに社名を変更しました。[(10)]

　1980年代からドイツ（トーア メディカル エレクトロニクス）をはじめ、91年に英国（トーア メディカル エレクトロニクス UK）、97年に米国（シスメックス インフォシステムズ アメリカ）、2000年にフランス（シスメックス フランス）に子会社を設立するなど、海外先進国に事業展開しています。

　また、2001年に国際試薬（現シスメックス国際試薬）の株式を取得して子会社化。2005年4月には国際試薬の試薬開発部門を会社分割により承継しています。

　同社は海外展開やM&Aを繰り返し、それらを組み合わせながら事業規模を拡大してきています。そうした経緯もあって単体、単体以外ともに成長してきていますが、単体以外の伸びが大きく、現在、単体売上高比率は50％程度になっています。

　売上高について見ると、2008年3月期は1000億円を超える程度であったのが、2020年3月期には3000億円を超えています。

　当期純利益についても拡大しており、2008年3月期に約90億円であった

（10）https://www.sysmex.co.jp/ir/library/m2gcv00000002q7n-att/rep_201906.pdf

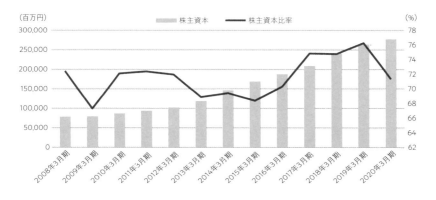

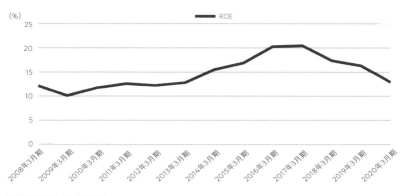

（出所）決算資料をもとに著者作成

のが、2017年3月期には400億円を超えました。2020年3月期には、新型コロナウイルスの影響で減益になってしまいましたが、2019年3月期には約412億円を計上しています。

営業利益率は2008年3月期から20年3月期までの平均で18%程度ですが、その間のピークでは20%を超えていました。

営業利益率に関しては、事業の地域拡大やM&Aを志向して、売上高の拡大を選択すると、低下傾向になりがちです。今後も売上高を伸ばすことに注力していくのであれば、以前のように営業利益率で20%台を維持できなくなる可能性があります。

売上高の拡大ペースと利益率はバランスの問題なので、経営者がどう判断するかで今後の状況は変わってきます。

当期純利益を継続的に計上しているため、株主資本は積み上がっています。2008年3月期から20年3月期の株主資本の年平均成長率は11%になっています。

また、株主資本比率は70%を超えていて、財務体質は強固といえます。今後は、積み重ねられてきた株主資本の活用策に注目が集まっていくでしょう。

なぜなら、株主資本が厚くなっていくにつれて、2016年3月期以降、ROEは低下傾向になっているからです。20%を超えていた水準が、2020年3月期には15%を下回ってしまいました。

引き続き、海外展開やM&Aに資金が必要になる可能性は高いですが、株主還元を併せて考えないと、株主の不満がたまってくる状況ともいえます。

10倍株が出やすい意外な業種とは

ここまでさまざまな10倍株を見てきましたが、10倍株が出やすい産業や業種などはあるのでしょうか。事前にどの株が10倍株になるのかを予想す

るのは難しい作業ですが、ちょっとしたヒントがあるので、ご紹介します。

　アナリストランキングに何年にもわたってナンバーワンとして選び続けられたベテランアナリストから聞いた話です。

　先ほどの10倍株の実績例として、神戸物産やセリア、ワークマンなどの小売企業をあげていますが、そのアナリストいわく、「**小売企業には大化けする銘柄が多い**」というのです。そうした小売企業にある特徴と成長プロセスをまとめると、次のとおりです。

・専門小売店である
・同一カテゴリーでの上位競合企業の市場シェアが小さい
・消費者が少ない地方で収益が上がるビジネスモデルを確立している
・地方で成功したビジネスモデルを、大消費地を中心として創業地以外で
　拡張させつつある

　企業規模の拡大に成功した現在の大手小売店の顔ぶれを思い返してみると、数多くの例が出てくることがわかります。たとえば、専門小売店の各業界首位の企業の創業地と業種は以下のとおりです。

・ユニクロ：山口県、アパレル（小売り、SPA）
・ニトリ：北海道、家具、インテリア
・ヤマダ電機：群馬県、家電量販店
・大創産業（ダイソー）：広島県、100円ショップ
・ツルハHD（ツルハドラッグ）：北海道、ドラッグストア
（※大創産業は非上場）

　いずれの企業も創業地は地方です。地方でビジネスモデルを確立し、それを創業地以外の地域で拡大してきたといえます。

　その事業拡大は、国内だけではありません。ユニクロは世界中に店舗を抱

えていますし、ニトリやヤマダ電機、ダイソー、ツルハドラッグなどもアジアを中心に店舗を拡大しています。

　こうした小売店の成長プロセスが、ここまで触れた10倍株に至るプロセスと似ているのです。10倍株のステップとは、地方でニーズを確認し、ビジネスモデルを完成させ、拡張をさせるという順番です。このパターンにはまりやすいのが小売業ということになります。

　小売業は、誰にとっても身近な産業です。したがって、機関投資家であるプロ投資家と個人投資家の情報格差も大きくはありません。むしろ毎日買い物に行っている消費者のほうが会社の変化などに気づきやすかったりもします。そうした観点から小売業には、個人投資家としても十分に投資機会があるという見方は正しいといえます。

テクノロジーが引き起こす、競争ルールのシフト

　10倍株を探す際に忘れてはいけないのが、**テクノロジー企業**です。

　10倍株の例で見たように、MonotaRO、GMOペイメントゲートウェイ、エムスリーなどがいずれもテクノロジーを活用した事業を展開する「テクノロジー企業」です。

　テクノロジー企業の何に注目すればよいのかというと、一言でいえば、**既存する競争のルールのシフト（移動）**です。

　テクノロジー企業というと、何か新しいものを創造（発明）して、それをビジネスにし成長するというイメージがありますが、必ずしもそうではありません。どちらかといえば、テクノロジーによって、今ある市場に以下のような変化を起こせることがポイントになります。

　・商品やサービスの流通の仕方を変える（例：オフラインからオンラインを通じた消費へ）

・今ある仕事や作業を便利にする（例：新しいコミュニケーションツールや仕事の効率を向上させる機能）

・ライフスタイルを変える（例：24時間の中で新しいことに時間を使う、時間のシェアを奪う）

テクノロジーを活用して、こうした特徴のあるビジネスを生み出すことで大きな成長を実現することができます。たとえば、米国のグーグル、アップル、フェイスブック、アマゾンというのは「GAFA」といって一括りにされますが、ビジネスモデルに目をやると大きく異なります。

グーグルは、さまざまなテクノロジー領域で最先端の研究や開発を行っている企業ですが、そのビジネスモデルを支えるのはインターネット広告事業です。グーグルは、もともとあった広告需要に対して、インターネットでの広告の流通の仕方を変えた企業ということができます。

フェイスブックは、SNSの大手ですが、個人のコミュニケーションの場としてSNSを提供し、利用頻度や滞在時間を活用して広告を提供するという企業です。これもグーグル同様に広告の流通の仕方を変えた企業といえます。

アマゾンは、本のECからスタートしたことからもわかるように、商品の流通をこれまでの書店中心からECに変えたことで成長してきた企業です。消費者からの注文をインターネットで受け、商品が物流倉庫から発送され、自宅まで届く仕組みで、ライフスタイルの中で大きな領域を占める買い物を変えたといえます。また、Kindleに代表されるような電子書籍、Amazon MusicやPrime Videoも展開しており、デジタルコンテンツの配信経路を変えてきているというのも特徴的です。

加えて、AWS（アマゾン ウェブ サービス）においてクラウドリービス事業を展開し、企業のサーバー利用の在り方を変えています。使用量に応じた課金のモデルを提供するなどサービスの仕方も変えてきています。

アップルは、2001年にiPod、また2007年以降はiPhoneやiPadを提供し、

最先端電子部品を組み合わせた使い勝手のよいハードウェアと、iTunes や App Store といったコンテンツや課金プラットフォームを組み合わせることで、携帯端末のユーザー体験を変えてきました。

　とくに、iPhone はスマートフォンの在り方を定義し、私たちの生活に欠かせないものになりました。その意味では、ライフスタイルを決定づけるような大きなインパクトを持つハードウェアであり、サービスを提供しているともいえます。

　MonotaRO はここまで見てきたように、企業向け間接資材の商流を変えてきましたし、エムスリーも医師と MR のコミュニケーションの在り方を変えることに成功してきた企業です。

　このように、テクノロジーは経営者にとって現在の産業構造を変える武器であり、また、新しいサービスを生み出すための道具でもあります。その意味では、テクノロジー企業は大きく変化する可能性を持っています。10 倍株を探す目的では、テクノロジー企業を注視することも必要です。

10倍株を生み出すダイナミクス

　ここまで 10 倍株を生み出すメカニズムとそのステップ、各ステップで注目すべき数値について見てきました。また、日本株で代表的な 10 倍株銘柄や、10 倍株が生まれやすい業種や産業についても見てきました。

　ここまで読んでいただいた方には、10 倍株の特徴を理解してもらえたと思います。そしてきっと「10 倍株って、そんな短期間に生まれない」という印象を持ったのではないでしょうか。

　実はそこが重要です。10 倍株になるには企業活動としての順番があり、その積み重ねが 10 倍株を生み出しているからです。

　アナリストの頭の中を覗くと、企業活動と収益の関係は以下のようなダイナミクスで回っていきます。

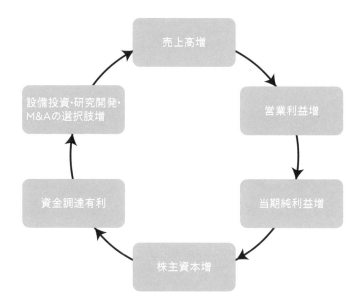

　企業活動は１年で成果を評価されるので、「ループ（輪）」としてとらえます。そのループが企業活動次第で大きくなったり、小さくなったりする様子を想像してもらえれば、実態に近いと思います。

　どこからスタートするというものでもありませんが、一般的には、売上高が増えることで、営業利益が増え、税金を支払ったあとの利益である当期純利益が増えます。

　当期純利益は株主に対しての配当の源泉です。ここから配当に回した分の残りが内部留保となり、株主資本に積み上がります。

　株主資本が積み上がり、財務体質も強くなると、資金調達もより容易になります。

　設備投資や研究開発、M&Aの際には手元の資金だけではなく、外部から調達した資金なども活用することになります。そうした行動を通じて、事業規模が大きくなり、さらに売上高が増えていきます。

　ループがうまく回ると、会社はどんどん大きくなっていきます。ループの

輪の大きさが毎年どんどん大きくなるイメージです。このループの中で、たとえば営業利益率の上昇が伴っていれば、ROE水準がさらに上がる可能性もあり、より株主資本が増えるようにループを回すこともできます。

ただ、このループは、うまく回るケースばかりではありません。

たとえば、ひとたび大きな赤字（当期純損失）を計上すると、株主資本が棄損します。その背景がキャッシュフローの減少を伴っていたりする場合には、資金調達の際に不利になることもあります。結果として、積極的な事業展開ができなくなります。

そうなると、売上高の減少が止まらなくなり、収益が継続的に減少するサイクルに入ることもあります。収益を改善しようと、固定費を削減するためのリストラをすると、さらに当期純損失が膨らむという負のサイクルに入ることもあります。結局、赤字ばかりが続き、ROEの議論どころではなくなってしまいます。

このように、このループは上手に使えば株主資本の拡大につながりますが、その反対は非常に恐ろしいものになります。このループの回し方が経営者の能力で変わってくるのです。

第 5 章

「株主資本複利」と
「スペシャルシチュエーション」へ

株価が高いか安いかはどう決まるのか

　株式投資で「**バリュエーション**」という言葉を聞いたことがあるでしょうか。「バリュエーション」を日本語で訳すと、「評価」とか「値踏み」になります。株式投資における「評価」とは、株価の評価になります。

　バリュエーションという言葉を知らなくても、株式投資をされたことがある人は、必ずといっていいほどしているプロセスです。

　たとえば、友人との投資に関する会話は、次のようなものです。

　私「自動車部品メーカーA社の株価は800円。A社の1株当たりのBPS
　　（1株当たり純資産）が1000円。つまり株価はBPS割れ。A社は今年
　　度も利益が出る可能性は高いので、本来あるべき価値は少なくとも1株
　　当たりで1000円くらいあってもよいだろうね」
　友人「いやいや、A社の競合企業であるB社の株価は、会社による業績
　　予想前提ではPERで12倍。A社のEPS（1株当たり純利益）は100円
　　なので、株価は1200円あってもいいかもしれないな」

　こうした会話は、株式投資をしていれば一度はしたことがあるかと思います。このやりとりは「バリュエーション」に関する内容です。

　バリュエーションに関する話がひとしきり終わると、次のような話になります。

　私「A社の株価は800円。なぜこんなに安いのかな。割安だと思うのだ
　　けど。将来、1200円になるなら、今日ちょっとだけ買っておこうかな」
　友人「いやいや、ちょっと待てよ。B社はたまたまリストラの最中。今年
　　の利益予想が通常よりも少なく見えているだけでは？　結果、EPSが少

なくなって、PER が高めに出ている可能性もある。B 社の PBR は 0.8 倍だから、同業の A 社の株価は 800 円でもおかしくはないな。であれば、A 社の株価は 800 円でもおかしくないともいえる。A 社の株価が特別に割安というわけではないかもしれない」

私「そうか。では、今日 A 社を買うのはやめておこうかな」

友人「焦らなくてもいいかもね」

こうしたやりとりは「投資判断」についての会話になります。投資家にとって、**「投資判断」が一つのゴール**です。

「投資して儲ける」というのが最終的なゴールではありますが、投資判断をしないことにはなにも始まりません。

買うのか買わないのか、売るのか売らないのかを「決める」ことが重要になります。バリュエーションとは、こうした投資判断をするための重要な**道具**であり、また必ず通るべき**プロセス**です。

投資のプロはどのように株価を判断しているのか

バリュエーションについては、先のやりとりでなんとなくわかっていただけたと思いますが、プロの投資家はどのように判断をしているのでしょうか。このあとで触れるバリュエーションについて見ていく前に、ここではアナリストの仕事の流れを整理してみます。

本書では、プロのアナリストがするような作業をしなくても、みなさんが投資判断できる方法を示していますので、どうぞご心配なく。

【ステップ1】調査

最初のステップは「調査」です。調査というと、アナリストの仕事の中心と思うかもしれませんが、それは序章にすぎません。そのあとに、もっと手

間のかかる悩ましいプロセスがあるので、この「調査」が最も楽しく、そして気楽な作業かもしれません。

アナリストが最も大事にする情報源は「**公開情報**」です。公開情報といってもピンとこないかもしれませんが、会社が正式に発表した決算関連情報や、官公庁による調査結果などの開示情報を指します。

公開情報はインターネットの普及によって誰もが簡単に入手できるようになりましたが、加工がされていない「生」の数字やデータであることが多く、初めての人はとっつきにくさを感じるかもしれません。

さて、アナリストは公開情報から、何を読み解こうとするのでしょうか。彼らは、調査対象である企業の売上高や収益の構造や、それらを生み出す要因を可能な限り「**分解**」していきます。

たとえば、売上高を構成する事業は何であるかからスタートし、会社の売上高や利益を牽引する事業の特徴を理解しようとします。続いて、売上高を構成する商品やサービスについて調べていきます。販売している商品の数量はどのくらいで、単価はいくらなのか、また、サービスの利用者数、サービスを継続して利用してくれる期間など、売上高をとことんまで細分化していきます。これらが「分解」する作業です。

会社が KPI として重視しているデータなども、公開情報の中で把握できることがあります。KPI は売上高を決定する要因であることが多いので、外部から見て継続的に追えるデータとして重宝します。

費用については、製造業であれば、単体の限界利益率などを決算資料でおおむね推測することができます。また、固定費についても、従業員数が何人で、平均給与がいくらなのかを知ることができます。従業員数から 1 人当たりの生産性を知ることもできます。広告や宣伝費用についても、どの程度の費用で、どのくらいの売上をつくれているのかなど、過去の実績をもとに把握していきます。

また、調査の段階で重要な情報入手経路がもう一つあります。それは、関係者への「**取材**」です。インターネットの普及で情報を集めやすくなりまし

たが、誤解を恐れずにいえば、産業に関するデータや決算情報などは「数字の塊」にすぎません。公開情報を分析していくと、アナリストの頭の中にはさまざまな「仮説」が沸き上がってきます。そうした**頭に浮かび上がってきた「仮説」を携えて、当事者たちと議論を交わすのが取材**です。

投資家対応窓口のIRや、企業の事業責任者・役員などのいわゆるキーパーソンに取材をします。調査対象が製造業であれば、生産現場にも足を運びます。規制業種に属する企業であれば、官公庁にも取材します。

このように調査範囲は広く、その企業の顧客や競合企業にも取材をします。調査では、「3C」と「R」を大事にします。**Company（会社）**、**Customer（顧客）**、**Competitor（競合企業）**、そして**Regulatory Authority（規制当局）**です。常にこの3CとRを頭に入れながら調査を進めます。

ついでにいうと、個人的には「3C」と「R」に加えて「T」も重要視しています。**Technology（テクノロジー）**です。テクノロジーで競争のルールが一気に変わることが多い時代なので、常にテクノロジーの動向のチェックは欠かせません。

インテリジェンスの世界でいうと、公開情報をもとにした分析はオープンソースインテリジェンス（オシント）と呼ばれ、取材などによる対人からの情報取得はヒューマンインテリジェンス（ヒューミント）と呼ばれます。アナリストの世界も同様です。

ただ、さすがに投資家レベルで国家のインテリジェンスのようにイメジェリーインテリジェンス（イミント：画像・映像の分析で得られる情報）は使えないと思っていましたが、衛星で店舗の顧客動向を把握しようとするイミントを実践する動きもあるようです。そう考えると、投資の世界も末恐ろしくはあります。

情報を集めるだけ集め、その中で仮説を立て、キーマンに取材をし、対話を通して自分の仮説を共有しながら、さらに自らの仮説を組み上げる「**統合**」作業をします。このような流れで、未来予想図の解像度を上げようと努力します。調査はこの繰り返しです。

【ステップ2】モデル・ビルディング

　調査に続くステップは「**モデル・ビルディング**」です。モデルをつくる作業のことを指します。

　では、モデルとは何でしょうか。「モデルとはそもそも何？」と思う人もいるでしょう。モデルについては、小室直樹が『論理の方法』で簡潔にかつ的確に説明しているので引用します[(1)]。

「モデルとは本質的なものだけを強調して抜き出し、あとは棄て去る作業です。（中略）モデルとは似たものを作ることです」

　本書で扱うモデルは何をするためのものかといえば、企業の収益予想をするためのものです。

　企業業績を予想するにあたって、さまざまな要因が関係してきます。その中から、アナリストは何が重要なのかを見極めて抽出し、自分が自由にいじることができる「変数」として扱い、さまざまな予想をしていきます。

　フィデリティでは、収益に関係する変数の中で最も影響ある要素を「アーニングス・ドライバー（Earnings Driver）」と呼んでいました。これは、経営者たちである程度コントロールできる要素で、また、アナリストのような外部の者でも確認できる要素でなければなりません。この要素には、企業が自分たちでコントロールできない金利やインフレ率などは原則として入りません。

　一般的に、モデルは精緻に予想するための道具として見られがちです。しかし、実際は、**議論をするための道具**です。したがって、予想をする際にはシナリオをいくつか用意し、モデルを動かします。最も可能性が高いと考える仮説を「**メインシナリオ**」、見通しとして強気なシナリオを「**ブルシナリオ**」、そして弱気なシナリオを「**ベアシナリオ**」と呼びます。

　ちなみに、相場に関して強気の場合には「ブル（牛）」、弱気な場合には「ベ

（1）小室直樹『論理の方法』（東洋経済新報社）p.2

ア（熊）」と呼びます。牛が攻撃するときに下から上に突き上げる様と、熊が上から下に突っかかってくる様を表しています。

　さて、小室はさらにモデルと仮説の関係についても述べています。

「『モデルとは仮説である』ことが本当にわかれば、いくつでも自由に抜き出して並べることができます」

　アナリストの中には、モデルをつくる際に、よりたくさんの要素を盛り込んで、一つのモデルの精度を上げることに時間をかける人がいます。精度を上げようと努力する姿勢はいいのですが、結局、どの要素の影響が大きいのかがわからなくなってしまいます。それよりは、重要な要素を中心にシナリオを複数つくって検討するほうが有益です。

　こうして、いくつかのシナリオをもとに、売上高から構成要素を決定してモデルをつくり込みます。続いて費用についても、変動費と固定費などを整理して、利益を算出していきます。さらに、税率などを会社に確認しながら損益計算書をつくっていきます。

　投資家はモデルをいじりながら、どの要素が収益に最も影響を与えるか、つまりアーニングス・ドライバーを探し出し、その影響についてシナリオ分析をしていくことになります。

　また、減価償却、運転資金や設備投資の前提、配当の考え方を会社に確認し、キャッシュフロー計算書や貸借対照表を完成させます。こうしたモデルをつくる作業をモデル・ビルディング（モデル構築）と呼びます。

【ステップ3】バリュエーション

　バリュエーションには、ざっくりいうと2つのアプローチがあります。一つは配当やキャッシュフローといったインカムをもとに株価の絶対値を求める**インカムアプローチ**（DDMやDCFなど）です。もう一つは、PERやPBR、EV/EBITDA、PSRなどのマルチプル（倍率）を使う**マーケットアプローチ**です。

　DCFやPERは本質的には同じ考え方ですが（詳しくは175ページの「コ

ラム　PER と DCF の考え方」を参照)、PER や PBR は個別企業の歴史的な
バリュエーション水準の比較がしやすく、また、相場全体や他社とも比較が
しやすいため、プロ投資家の調査や運用の現場ではマーケットアプローチが
よく使われます。

　EV/EBITDA をご存じない方もいるかと思います。EV は企業価値といっ
て、株式価値とネット有利子負債（負債から現金等同等物を引いた額）を
加えたものです。EBITDA は Earnings Before Interest, Taxes, Depreciation and
Amortization の頭文字をとったものです。営業活動によるキャッシュフロー
に近い概念として使います。

　キャッシュフローを重視する場合、とくに企業買収、メディアなどの特定
産業のバリュエーション、また、グローバルの視点で会計基準の違いなどが
ある企業との比較で EV/EBITDA を使ったりします。

　マルチプルを使うマーケットアプローチに対しては、「いったい何倍が安
くて何倍が高いのかわからない」という声もありますが、「過去の自社との
比較」「他社との比較」「相場全体との比較」というように相対評価をする際
に便利です。

　目標株価にこだわる人は、それぞれのシナリオの可能性（確率）を決めて、
目標株価としての期待値を求めたりします。

　アナリストは、ファンドマネージャーに BUY（買い推奨）、HOLD（中立）、
SELL（売り推奨）の判断を報告する必要があります。最終的に、どのシナ
リオでの目標株価とするかを決めます。

　個人的には、**アナリストの最大の付加価値はバリュエーションにある**と
思っています。調査だけであれば、ジャーナリストをはじめ、アナリストで
ない人でも会社や業界に詳しい人は大勢います。また、モデル・ビルディン
グであれば、投資銀行や会計事務所で案件を担当し、公開情報ではないデー
タを会社側から入手している人のほうがより詳細にできる場合もあります。

　ただ、株式市場のバリュエーションに関しては、当該企業だけでなく、競
合企業の状況や株式市場のセンチメント（感情）などを総合的に判断して値

踏みします。こうした面をとらえて、「**バリュエーションはアートだ**」といわれることもあります。

余談ですが、テレビ東京の「開運！なんでも鑑定団」という番組があります。この番組が面白いのは、個人が所有する、いわれのあるお宝を、プロの鑑定士が真贋の見極めから値付けまでするところです。

鑑定士の一人が「いい仕事してますねぇ」というのは、この番組の決めぜりふとして記憶に残りますが、醍醐味は、もし買う人がいればこれくらいの値段をつけるいう前提で、所有者に骨董の値付けをさせるところです。

市場価格というのは、真贋の目利きは当然として、顧客と接して需要動向を知っていないとできません。私のような骨董の素人は「いい仕事してますねぇ」だけでは、どれだけすごいのかよく理解できません。それでも「一、十、百、千、万」と鑑定士が付けた値段の桁数を聞いて興奮していくわけです。つまり、値付けができることが最高の付加価値といえるのです。これはアナリストも同じです。

【ステップ4】投資判断

目標株価を定めたところで、株式市場で取引されている株価と比較します。目標株価が現在の株価よりも高ければ「買い」推奨、同じであれば「中立」、低ければ「売り」推奨ということになります。アナリストは、この判断に細心の注意を払います。なぜならば、どれだけ前提を細かく議論しても、最終的に当たらなければ仕事として評価されないからです。

ここでのポイントは、どんなに優良な企業であっても、目標株価が現在の株価と同じか低ければ、買い推奨とはならないということです。「モノには適切な値段がある」ということです。

みんなが「この会社は素晴らしい。非の打ちどころがない。日本企業のロールモデルだ」と思っている会社に対して、バリュエーションの結果とはいえ、売り推奨するのは心理的に難しいところがあります。また、反対に、自分のバリュエーションに自信があっても、みんなが知らない企業であれば、買い

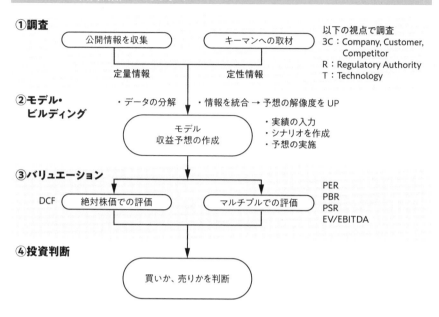

①調査

公開情報を収集　　　　キーマンへの取材

以下の視点で調査
3C：Company, Customer,
　　　Competitor
R：Regulatory Authority
T：Technology

定量情報　　　　　定性情報

②モデル・
　ビルディング

・データの分解　・情報を統合 → 予想の解像度を UP

モデル
収益予想の作成

・実績の入力
・シナリオを作成
・予想の実施

③バリュエーション

DCF　絶対株価での評価　　マルチプルでの評価

PER
PBR
PSR
EV/EBITDA

④投資判断

買いか、売りかを判断

推奨を行うのには勇気がいります。

　こうしたチャレンジをどう乗り越えていくかが、アナリストにとっては重要な経験となります。私の場合には、電機や機械といった大型セクターのほか、IPO 銘柄やテクノロジーセクターをはじめ、さまざまなセクターの中小型株を担当してきたので、こうしたチャレンジがあることはよくわかります。

　アナリストは、最終的に、自分の投資判断をファンドマネージャーに報告します。ファンドマネージャーはそれをもとに、その銘柄をポートフォリオに入れるかどうかを決めます。

　ただ、アナリストが買い推奨したからといって、ファンドマネージャーが必ずしも買うわけではありませんし、売り推奨したからといって、必ずしも売るわけでもありません。それはなぜでしょうか。

　その理由は、アナリストとファンドマネージャーでは、仕事が異なるから

です。ファンドマネージャーの一番の仕事はリスク管理です。アナリストの推奨は参考にしますが、資産全体であるポートフォリオのリスクがどうなるかを総合的に考えます。

　ファンドマネージャーが運用するファンドには、通常、ベンチマークという運用する際の基準となる指標があります。日本株であればTOPIXであったり、世界株であればMSCI WorldやMSCI ACWIであったりします。

　ファンドマネージャーは、そうしたベンチマークに含まれる銘柄について比較・分析をします。ある銘柄が自分のファンドとベンチマークに含まれている場合、より多くの比率を保有するのか、より少なく保有するのかを、ポートフォリオ全体のリスクを考えながら調整しています。

　ベンチマークでの組み入れ比率以上にある銘柄を保有していれば、その銘柄に対して「強気」ということになりますし、ベンチマークの組み入れ比率以下であれば、その銘柄に対しては「弱気」に見ていることになります。

　そして、ファンドマネージャーのリスク管理は何かというと、ポートフォリオとベンチマークのリターンの乖離の大きさ（トラッキングエラー）の管理です。アクティブファンドの最大の付加価値は、リスクをしっかりとりながら、アクティブリターン（ファンドがベンチマークを上回るリターン）を出すことにつきます。

　トラッキングエラーをしっかりとらないアクティブファンドは「インデックスファンドと何が違うの？　似非アクティブファンド？」と厳しく突っ込まれる時代です。銘柄を組み入れる判断も、アナリストが推奨したとおりに行動するのではなく、最終的にはポートフォリオがどうなるかで判断しなくてはなりません。

グロースとバリューだけでは本質を見誤る

　ここまでバリュエーションについて見ていきましたが、銘柄選択をする際

年度／順位	1995	1996	1997	1998	1999	2000	2001	2002	2003	2004	2005	2006	2007	2008	2009	2010	2011	2012	2013	2014	2015	2016	2017	2018	2019
1	割安 28.84	コア -7.34	成長 -0.80	コア 4.69	成長 49.70	小型 -6.17	小型 -9.53	小型 -13.39	小型 62.56	小型 11.59	コア 52.67	コア 6.55	成長 -26.77	小型 -28.50	割安 30.93	小型 -3.80	小型 6.73	小型 26.05	成長 19.48	成長 34.02	小型 -1.80	割安 19.22	小型 22.39	割安 -3.64	成長 -0.76
2	コア 27.75	割安 -9.85	コア -2.40	成長 4.03	コア 41.95	割安 -6.25	割安 -14.31	割安 -22.74	割安 61.10	割安 3.82	成長 51.67	割安 5.77	コア -27.76	コア -30.45	コア 29.51	コア 0.44	コア 25.02	コア 18.68	割安 30.81	割安 -10.32	成長 17.02	小型 18.11	成長 18.11	コア -3.87	コア -5.24
3	市場 25.81	成長 -11.14	市場 -6.14	市場 3.48	市場 34.74	市場 -22.14	市場 -15.35	市場 -24.85	市場 50.54	市場 1.84	市場 49.75	市場 0.97	コア -28.14	市場 -35.35	市場 29.42	市場 -9.20	市場 -0.36	市場 24.91	市場 18.66	市場 28.18	割安 -10.75	市場 15.42	コア 15.60	成長 -4.33	市場 -9.26
4	成長 24.12	市場 -13.07	割安 -9.20	割安 3.26	小型 26.80	コア -29.41	成長 -16.96	成長 -29.55	コア 42.58	コア -2.04	割安 48.73	成長 -0.57	割安 -28.76	コア -39.38	成長 28.98	コア -10.48	割安 -0.76	割安 23.48	コア 17.59	コア 27.90	コア -13.94	市場 14.67	コア 13.75	市場 -4.83	小型 -13.61
5	小型 22.64	小型 -25.99	小型 -21.87	小型 0.18	コア 17.00	コア -36.35	コア -17.63	コア -30.17	成長 38.94	成長 -2.59	小型 43.41	小型 -12.11	小型 -29.14	割安 -41.30	割安 28.04	割安 -13.04	割安 -0.88	割安 21.28	割安 17.30	割安 27.23	割安 -14.00	成長 10.68	割安 11.30	小型 -10.82	割安 -16.74

（注）年度（4～3月）ベース。円ベース、配当込み指数を使用。
（出所）野村證券

に、PER や PBR のマルチプル（倍率）で区分した「グロース株」か「バリュー株」かにこだわる人は多いのではないでしょうか。

　実は、グロースとバリューは、投資銘柄の特徴を区分しているにすぎません。残念ながら「儲かる株の区分」でもありません。野村證券金融工学研究センターの「投資スタイル周期表2020年度版」[2]を参考にして、バリューとグロースを比較し、それぞれがどれくらいのパフォーマンスなのかを見てみましょう。

「Russell/Nomura（ラッセル野村）日本株インデックス」では、大型株のグロース（成長）とバリュー（割安）、コア（Total Market インデックスの浮動株調整時価総額上位約50％の銘柄）、スモール（小型株）に分類しています[3]。ちなみに、「Russell/Nomura 日本株インデックス」は、（修正）PBR でグロースとバリューを分けています。ここでは大型株のグロースとバリューのパフォーマンスを見ることにします。

　過去25年でいえば、以下のとおりです。

・グロースがバリューのパフォーマンスを上回った回数：13回／25年

（2）http://qr.nomuraholdings.com/jp/frcnri/docs/style2020.pdf
（3）http://qr.nomuraholdings.com/jp/frcnri/docs/RNhandbook_202004.pdf 「Russell/Nomura 日本株インデックス　ハンドブック2020年度版」

	過去1年	過去2年	過去5年	過去10年	2001年1月以降
大型株バリュー(a)	▲16.38%	▲9.35%	0.02%	5.51%	4.30%
大型株グロース(b)	0.41%	▲1.21%	3.30%	8.50%	3.09%
(a)−(b)	▲16.79%	▲8.14%	▲3.28%	▲2.99%	1.21%

（出所）野村證券の資料をもとに著者作成

・バリューがグロースのパフォーマンスを上回った回数：12 回／ 25 年

　これだけを見ると、「グロース」も「バリュー」もほぼ五分と五分といってもよいかもしれません。

　また、それぞれ（株式）市場を上回ったのはどれくらいの頻度なのでしょうか。

・グロースが市場を上回った回数：14 回／ 25 年
・バリューが市場を上回った回数：12 回／ 25 年

　グロースがバリューを上回っていますが、こちらもほぼ半々といえる状況です。ちなみに、それ以外のカテゴリーについて見ると、どうでしょうか。

・コアが市場を上回った回数：12 回／ 25 年
・小型株が市場を上回った回数：12 回／ 25 年

　いずれも似たような頻度でしか市場を上回っていません。このように、グロースがバリューに対して圧倒的に有利とはいえませんし、バリューはグロースに必ずしも勝つともいえません。

　また、リーマンショック以降で見ると、2010 年からは 2016 年を除いてグロースがバリューを上回っており、バリューにとっては苦しい期間が続いています。大型株のグロースとバリューの累計のパフォーマンス（配当込

み）では、グロースが過去1、2、5、10年の年次リターンで上回っており、2001年1月以降はバリューが勝っているという結果になっています。(4)

　株式投資は儲けるために行うのであって、投資スタイルにこだわる必要はありません。どのような株に投資をしても成果が出ればいいわけです。

　そう考えると、「グロースかバリューか」という区分が目立ちすぎている印象があります。個人投資家はスタイルの違いをあまり過剰に意識しないほうがいいでしょう。

　つまり、バリュエーションの絶対値の水準、たとえば、PERは15倍以下でなければならないとか、PBRは1倍割れが望ましいというような基準を決めつけて、投資銘柄のスクリーニング（ふるい分け）をするのはやめたほうがいいのです。

　また、投資信託においても、「△△△成長株ファンド」や「○○○バリューファンド」といったように、グロースとバリューでファンドの特徴を打ち出しているものも多くあります。私も運用会社にいたのでわかりますが、ファンドマネージャーごとに、グロース株投資かバリュー株投資のどちらかに好みが偏っていることが多いです。

　ただ、先ほど見てきたように、グロースとバリューのパフォーマンスに関してはそのときどきで異なり、絶対的なものはありません。グロースとバリューの分類は、ファンドの特徴を打ち出すために運用会社がつけたもので、投資家向けのマーケティング用の区分だという人もいます。

　もっとも、運用会社によっては、同じファンドの中で、相場の状況によってグロースとバリューの比率を恣意的に変えて運用していることもあります。こうした動きはファンドの分析ツールを使うと一目瞭然です。ファンド名に惑わされることなく、ファンドの運用の特徴を押さえることに徹するのがいいでしょう。

（4）http://qr.nomuraholdings.com/jp/frcnri/docs/RNhandbook_202004.pdf　「Russell/Nomura 日本株インデックス　ハンドブック2020年度版」p.9

グロース株投資家とバリュー株投資家は何を狙って投資しているか

　一般的に、「グロース株投資」というのは、利益成長率の期待が高い、ROEの水準が高い、PERやPBRのマルチプル（倍率）が大きい銘柄への株式投資をいいます。また、バリュー株投資というのは、PERやPBRのマルチプルが小さい銘柄への投資をいいます。

　では、グロース株投資家、バリュー株投資家は、PERやPBRの何を見て投資を決めているのでしょうか。

　第2章で見た、以下の関係式を改めて思い出してください。

$$PBR = PER \times ROE$$

　この式について、バリュエーションであるPERとPBR、そして株主資本に対するリターンであるROEの関係を見るために、以下のような図を作成しました。ここでは、PERをx軸、PBRをy軸に置き、ROEを傾きとします。

　ROEが、グロース株投資家の注目するPERとバリュー株投資家が重視するPBRを変換する係数であるとします。

　では、まず、グロース株投資家の考え方から見ていきましょう。グロース株の投資家の発想はいたってシンプルです。たとえば、企業が新規事業の取り組みを発表したことで利益成長率が上昇すると期待されるシーンを想像してみましょう。

　その際に何が起こるかといえば、x軸のPERにおいて、瞬間的（微小時間）に現在のa点からa′に動くことになります。

　本来は、利益が増える予想をするのであれば、ROEの予想も変わることになりますが、ここでは微小時間でROEの水準は変化しないとします（株式市場の参加者の感覚に近い前提かと思います）。その前提に立つと、PER

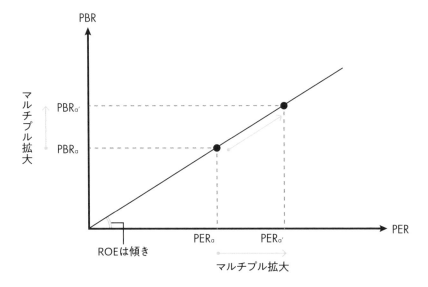

のマルチプルが拡大すると、PBRも拡大し、株価は上昇しているということになります。

では、どのような状況になればPERのマルチプルは上がるのでしょうか。

PERのマルチプルが拡大するのは、利益が将来にわたって成長するような「期待」が生まれるときです。PERは、割引率rと利益成長率gで、以下のように表すことができます(175ページの「コラム　PERとDCFの考え方」を参照)。

$$PER = \frac{1}{r-g}$$

PERが上昇するためには、rが低下するか、gが上昇するか、もしくは両方という組み合わせになることがわかります。

rに関しては、金利水準が下がると、低下します。また、投資対象の業績が安定していたり、株式市場が堅調だったりすると、株式投資に対するリス

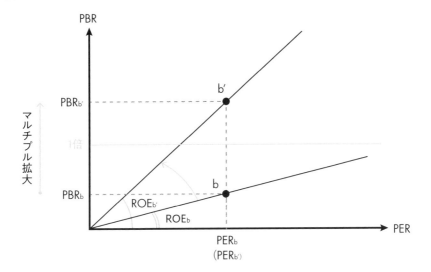

ク度合いが低下して、rも下がります。

　ちなみに企業価値において、将来の利益やキャッシュフローの占める割合が大きな企業、つまり成長企業のほうが、利益やキャッシュフローが安定した成熟企業よりも金利水準や株式市場のリスク許容度の影響を受けやすいのですが、それはこの割引率の影響が大きいためです。

　また、gに関しては、「売上が増えて利益もそれ以上に増えそうだ」「これまでと同じ売上高予想でも営業利益率が上がる可能性がある」「新事業によって事業機会が増え、利益の成長ペースがこれまで以上に期待される」などの発表があったときに上昇します。

　グロース株投資はこのような考え方に基づいています。したがって、決算など、利益に対する見方が変わるようなイベントに関してはとくに注意を払います。

　では、バリュー株投資はどうでしょうか。上の図を見ながら確認しましょう。現時点では、PERでb点のPERₐにいるとします。ROEはROEₐとします。

バリュー株ということで、PBR は 1 倍を下回る水準の PBR_b とします。

　バリュー株投資では、短期的に利益成長率などの期待値が大きく変わらなくても（つまり PER は同じ水準でも）、超長期的にはリストラや収益改善策などをすることで ROE が ROE_b から $ROE_{b'}$ にシフトすれば、PBR は PBR_b から $PBR_{b'}$ に移り、マルチプルが拡大します。同時に、株価が上昇することになります。このように、PER の見方が変わらなくても、ROE の傾きが上昇していれば、PBR のマルチプルが拡大してハッピーになるわけです。

　では、どのようなときに ROE は上昇するのでしょうか。ROE が上昇するのには、たとえば以下のようなケースがあります。

・株主資本が増えるペースよりも当期純利益が増えるペースが大きい場合
・利益水準が変わらなくても株主資本が減少するとき

　当期純利益が増えるのは、本業で利益が出ることが一義的ですが、保有有価証券や遊休資産などの売却益で一時的に利益を出し、ROE を上げることも可能です。

　また、当期純利益以上の増配や自社株買いをすると、株主資本は減ることになるので、利益水準が変わらなくても ROE を上昇させることができます。ただし、株主資本が一時的に減少するので、その減少割合以上に PBR が拡大しなければ、株価は上がらないことになります。

　このように、バリュー株投資家は PBR に注目しがちですが、なぜ PBR が変動するかを考えると、ROE の動きに注目することが必要だと理解いただけると思います。

投資のツボを押さえるアクティビストとエンゲージメントの投資家

　アクティビストと呼ばれる投資家を聞いたことがあるでしょうか。企業経

営に対して意見や提案をし、株主価値を上げようと行動する投資家です。最近では、メディアをうまく活用して自分たちのメッセージを拡散させます。

　まず、アクティビストは、バリュー株投資のツボを熟知しています。彼らは、長期的に企業の収益拡大には寄与できない（そもそも多くの場合は、そうしたつもりもなく、自分たちの提案が株式市場において長期的に企業の利益成長率を変える、つまり PER の見え方を変えるまでには至らないと思っている）ので、短期的に PBR を揺り動かすプレーを好みます。

　また、一時的に ROE が上昇するという期待を引き上げても、株式市場の期待値はすぐに元の水準に戻ることを理解しているので、短期的に PBR が上昇したなら、アクティビストは株式を売却します。

　アクティビストは、ROE が向上するという期待を生み出すために、たとえば以下のような行動を行うよう、企業経営者に提案します。

・遊休資産の売却
・過小評価されている事業の IPO や事業売却
・現金保有の排出策としての増配要求などの株主還元策

　こうすることで ROE が改善するかもしれないという期待を持たせ、株式市場における PBR の評価を短期的にでも引き上げようとします。

　会社が実際に実行するかどうかは別として、アクティビストは ROE 向上の可能性が株式市場で話題になり、株価がその可能性をいったん織り込んだところで、株式を売却します。

　対話をするような姿勢を見せながら、自分たちがインサイダー情報などに触れて株式の売買ができなくなることがないように、メディアなどを使って主に「一方的に」情報を提供し、世論を動かそうとするのが最近の特徴です。

　こういうと、短期的に会社の非効率的な経営を指摘しているだけに見えますが、決してそうではありません。会社の事業内容を熟知していないとまともな提案はできないですし、経営者にも相手にされません。したがって、ア

クティビストは、会社や産業についてしっかりとした調査をし、株式市場の動きを先読みした提案ができるリソースを抱えていることがあります。

一方、**エンゲージメント**という機関投資家と発行体（企業）の関係も最近注目されています。エンゲージメントとは、中長期的に企業価値を上げていこうと、機関投資家が上場企業の経営者に働きかけていく姿勢です。

アクティビストは、非効率な経営を指摘し、その改善策を提案します。そうすることでROEの変化に働きかけて、短期的にPBRをシフトさせようと考えます。一方でエンゲージメントでは、経営者と対話をしながら、非効率な経営を指摘し、ROEの改善を促します。加えて、可能であれば長期的なPERの拡大も狙います。

株式市場で人気がある銘柄は、さまざまな投資家に常に注目されています。したがって、少しでもよい話があれば、一瞬でその可能性を株価が織り込んでしまいます。

巨額の資金を運用する機関投資家にとって、そうした短期的な動きをとらえる投資はそもそも難しいのが実際のところです。したがって、長期投資で勝負をするしかありません。日本でも長期運用を前提とする年金基金や生命保険会社などの金融機関でエンゲージメントへの取り組みが広がっています[5]。

ROEの改善余地があり、株式市場に対して成長期待を投げかける可能性のある企業であれば、対話を通じて企業価値、ひいては株主価値を向上させることができる、という考え方です。もし、そのとおりであれば、PBRの拡大は大きくなり、長期的にメリットがあるのです。

一方で、目ぼしい企業を見つけても、対話に応じてくれない企業は投資対象になりづらいので、投資対象が限定されてしまうというデメリットもあります。

（5）https://www.nikko-research.co.jp/wp-content/uploads/2016/09/download20160331b.pdf

株式投資の醍醐味は株主資本の「複利」とブランド企業の「再生」

　私たち個人投資家は、ここまで見てきたような、メディアを使ったアクティビストや、企業経営者との対話を重視してエンゲージメントを結ぶ機関投資家の投資手法をとることができません。

　では、個人投資家はどのように株式投資に向き合えばよいのでしょうか。個人投資家が味方につけるべきは「時間」です。この時間ばかりは、機関投資家と個人投資家との間で「平等」だからです。

　PBR の水準が変わらなくても、毎年着実に株主資本を積み上げていくことができれば、株価は上昇していることになります。

　ただ、PBR が一定といっても、ROE も PER も同じというわけではありません。その組み合わせが異なっていることもあります。株式市場で PER がいつも同じ状況というのはなかなか想像がしにくいものです。株式市場次第でも、会社の業績次第でも、PER は揺れ動くのが実際のところです。

　ここまで見てきた ROE と PBR、PER の関係を示した図表に、それぞれ時間の要素を加味した、動的なアプローチを考えてみましょう。

　最初は t0 からスタートすることにしましょう。その際の ROE を ROE_{t0}、PER を PER_{t0} とします。

　その後、1 会計年度が経過した t1 時点にシフトします。事業は好調で、利益成長率は高まり、PER は PER_{t1} へと拡大します。利益が出るものの、配当は増やさないことにします。その結果、ROE は ROE_{t1} に低下します。ROE や PER にこうした変化があっても PBR は変わりません。

　そして、さらに 1 会計年度が経過し、t2 時点にシフトします。PER は PER_{t2} に拡大、ROE は ROE_{t2} に低下するとします。この時点でも、PBR は変わらないままです。

　このように、ROE 水準や PER が変化しても、PBR が変わらないという状

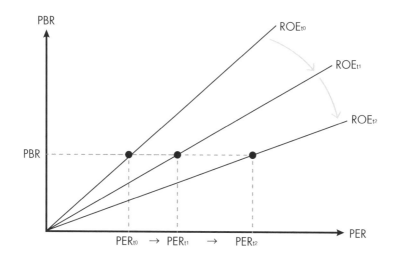

況はありえます。PBR が毎年度まったく変わらないという状況は現実的に
はありえませんが、PBR 水準が大きく変わらなければ、年度を重ねるたび
に株主資本が積み上がっていくと、株価は上昇しているということになりま
す。

　株主資本は時間をかけるにしたがって、ROE と同じ水準で増えていく、
つまり、株主資本が ROE 水準で複利のように増えていくことになります。
これが「株主資本複利」の基本的な考え方です。

　株主資本が時間とともに拡大し、PBR の評価が変わらなくても株価が上
昇するというアプローチでは、機関投資家も個人投資家もそのメリットを受
けるためには同じ時間をかけなければなりません。

　では、「時間」以外に、個人投資家が機関投資家と比較しても十分に戦え
る領域はあるのでしょうか。

　それは、**誰もが知る企業を投資対象として検討する**ことです。これであれ
ば、個人投資家と機関投資家の差は、「会社を知っている」という点では変
わりがありません。

たとえば、小売店や外食チェーンについては、毎日、買い物に行くなど、頻繁に利用する人であれば、その会社についてアナリストよりも詳しいというケースもあります。フィデリティで有名なファンドマネージャーにピーター・リンチがいますが、彼も『ピーター・リンチの株式投資の法則』の中で以下のようにいっています。[6]

　「投資戦略を考えるうえでは、ショッピング・モールをうろうろしていたほうが、証券会社のアドバイスに忠実に従ったり、最新の情報をほんの少しばかり得るために金融情報誌を徹底的に調べるよりずっと役に立つ」

　「業績が上向いている企業なのか、落ちぎみの企業なのか、倒産しそうな企業なのか、または、転換点を迎えて回復に向かう企業なのかなど、プロ、アマの投資家を問わず、毎日いつでも調査できるのだ」

　誰もが知る企業や「ブランド」がある企業がダメになっていて、そうした企業が「再生」する可能性に投資をする手法が「**スペシャルシチュエーション投資**」です。

　「スペシャルシチュエーション投資」は、企業が少なくとも過去に評価されていたバリュエーション水準に戻るという投資手法です。過去見ていたものを、業績が回復すれば将来も見ることができるなら、株価は上がっているという前提に立つアプローチです。

　ただし、本書の「スペシャルシチュエーション投資」で検討する対象企業は、「ブランド」がある企業とします。ブランドがあるというのは、**消費者の認知度が高いとか、資産を保有しているとか、無形でも有形でもよいので、すでに「何かを持っている」**ことが前提になります。これが本書でいう「スペシャルシチュエーション投資」の最大のポイントです。

　不振に陥ったどの企業にも復活の機会はありますが、個人投資家が「スペシャルシチュエーション投資」の成功の確度を上げようとするのなら、誰もが知る「ブランド」がある企業がよいと思います。

（6）　ピーター・リンチ『ピーター・リンチの株式投資の法則』（ダイヤモンド社）pp.182-183

では、「ブランド」がある企業が、株式市場で「イケていない」と思われるのはどのような場合でしょうか。

- 誰もがよく知る「ブランド」企業であり、安定した利益は出るものの、はっきりとした配当政策を打ち出せず、現金を長年貯め込んで、これといった投資も行ってこなかった結果、ROE が長期的に下がったままになっているケース（株主還元施策の問題）
- 「ブランド」はあるものの、産業が成熟し、競合企業との長年の競争の結果、収益性は落ち込み、高い利益成長率を見込めなくなったケース（事業環境の問題）
- 「ブランド」はあるものの、過去に築いた資産（有形、無形を問わず）を活用する施策を打ち出せず、会社全体の収益性が落ち込んでいるケース（事業戦略の問題）

　ブランドがある企業でも、このようにさまざまな理由で株主価値が棄損している場合があります。ただ、こうした企業も、会社内部による自己変革、また、株主をはじめとした外部ステークホルダーからの圧力で、過去からの延長線上にはない**「非連続」な変化**をすることがあります。
　そうした状況を「スペシャルシチュエーション」と呼び、そうした変化に投資をする手法を「スペシャルシチュエーション投資」といいます。

株主資本複利投資とスペシャルシチュエーション投資の違い

　株主資本複利とスペシャルシチュエーション投資の違いは、どこにあるのでしょうか。
　それは、**投資の継続性**にあります。
　株主資本複利投資は、いわゆる優良銘柄であることが多く、長期で「投資

しっぱなし」ができる傾向があります。まったくフォローアップしなくても
いいわけではありませんが、「稼ぐ仕組み」であるビジネスモデルが確立し
ている銘柄であることが多いのも特徴です。したがって、よい銘柄に出会え
れば、数年以上にわたって保有しっぱなしでいいことがあります。そして、
その結果として、10倍株を手にしていたということにもなります。

　一方で、スペシャルシチュエーション投資は、一時的な投資に終わること
も多いです。改善期待が高まり、株価がその可能性を織り込んだところで、
いったん売却することが必要なケースもあります。バリュエーションの安い
状態から「ノーマル」の評価に戻るところまでを目途にしているからです。

　スペシャルシチュエーション投資では、業績が「ノーマル」に戻ったあと
に継続的に収益性を上げていけるかどうか、さらに向上の可能性があるかど
うかといったことは、別の議論になります。この点は、過去からビジネスモ
デルが強固な会社が多い株主資本複利投資の銘柄とは異なります。

　では、株主資本複利投資が、投資家にとっていつもよいのかというと、必
ずしもそうではありません。スペシャルシチュエーション投資は短期的に大
きなパフォーマンスを上げることもあるので、投資家の好みにもよりますが、
一概に株主資本複利投資がいいというわけではありません。

　みなさんのポートフォリオは、どちらかの投資手法にこだわるというより
も、両方の投資手法を組み合わせて運用していくのが理想的です。

株主資本複利投資はグロース株投資の再定義

　株主資本複利投資とは、グロース株投資の再定義となります。

　しかし、現時点で高PER、高PBRの銘柄ではありません。ここでは、
ROE水準と利益成長率への期待（PERのマルチプル）を組み合わせて、時
間をかけることで、最終的に高PBR銘柄として評価される銘柄への投資と
定義します。

また、PBRの水準が時間とともに切り上がらず、たとえ同じ水準であっても、株主資本が時間とともに積み上がっていくことで株価が上昇していくのも株主資本複利投資とします。

　さて、ここでは、PBRのマルチプル（倍率）が拡大するパターンについて見ていきましょう。時間の経過とともに株主資本を着実に積み上げ、過去よりも高いPBRで評価されていれば、株価はさらに上昇しているというケースです。

　PBRが拡大するケースは、以下の3つに整理できます。

・【ケース1】ROEを維持しながら利益成長率の期待を高める（PERを拡大させる）企業への投資
・【ケース2】ROEを高めながら利益成長率の期待を維持する（PERは変わらず）企業への投資
・【ケース3】ROEを高めながら利益成長率の期待を高める（PERを拡大させる）企業への投資

　10倍株を探す投資家であれば、ここでのROEの目線は最低でも12％にしたいと思います。もちろん、現時点で必ずしも12％なくてもかまいません。しかし、過去の実績として12％以上あり、また、時間をかけながら12％以上に達していくというのが理想です。

　ケース1は、現在のROE水準を維持していこうと思えば、配当性向とのバランスにもよりますが、利益の拡大が必要になります。その中で、株式市場での利益成長率の期待を高める必要があります。

　内部留保で成長投資に資金を投じ、将来の利益成長率を引き上げることができる企業でなくてはなりません。いわゆる一般的な「グロース株」と呼ばれるのが、このケース1です。多くの投資家が飛びつきやすい銘柄ともいえますが、PERの期待値で動くので、株価が短期的に不安定な銘柄もあります。

　ケース2のようにROEを高めようとする企業は、配当や自社株買いがな

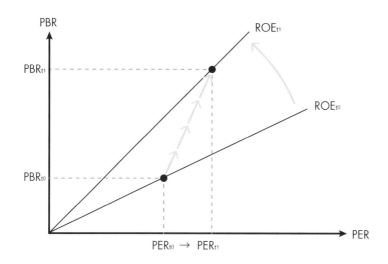

いという前提に立てば、ROE と同水準以上に利益成長率がないと、ROE が拡大していきません。

　また、成長機会を見いだせないのであれば、配当や自社株買いで株主に還元する企業でなくてはなりません。いずれにせよ、そうした企業の多くは細かく事業管理ができているか、株主に対しての施策を打てることが必要です。渋い企業が多くなりがちですが、安心して長期で投資ができる銘柄です。

　ケース3では、ケース1と2の両方を満たす投資になります。理解をするために、図をもとに話を進めていきましょう。

　時間を t0（現時点）から t1（1年後）に進める際に、ROE が ROE_{t0} から ROE_{t1} へ、また PER が PER_{t0} から PER_{t1} へと、それぞれがシフトするとします。

　すると、PBR は PBR_{t0} から PBR_{t1} へとマルチプル（倍率）がぐっと大きくなります。この組み合わせが株主資本複利投資の最大の醍醐味です。

　難易度は上がりますが、ケース3のような銘柄を見つければ、宝物を得たようなものです。

株式市場は、現在の延長線上にある未来を織り込むのは非常に得意です。加えて、過去に見たものを将来にかけて同じように見ようとします。したがって、業績が好調になってきた場合には、過去に実現した PER や PBR などのピークの水準を織り込もうとする傾向があります。

株式市場のクセを理解すれば、PER や PBR の絶対値の水準を見ただけで、「高い」と判断すると、投資機会を逸してしまうことにもなりかねません。必ず現在の株価をバリュエーションで置き換えて、過去の水準と比べることが重要です。

そうすることで、株式市場のその銘柄への現在の「熱量」、つまり期待値を推し量ることができます。現在の PER や PBR といったバリュエーションが過去の水準よりも低い場合には、チャンスがあるといえます。

ROE が改善する可能性があったり（ROE の水準よりも利益成長率が高くなる、配当政策が変わるなど）、利益成長率が変わる兆しがあったりする（PER が変化する）状況で、現在のバリュエーションが過去の水準と比較して低い場合に、株式市場は「過去のバリュエーションで高値の水準を織り込んでもいいだろう」というような調子になり、バリュエーションが変化します。そして株価が上昇するのです。

過去のバリュエーションを基準にするので、目標株価を設定するのにもそれほど困ることがありません。株価が「PER で何倍」「PBR で何倍」などのバリュエーションを織り込んでいくだろうという前提で、目標株価を設定することができます。

株主資本複利投資の出口戦略

株主資本複利投資の難しいところは、上昇し続ける株価に対して、「いつ降りたらいいか」という判断です。これは幸せな悩みともいえますが、本当に難しいのです。

そして、株主資本複利投資の難しさは、**過去のバリュエーションのレンジを飛び越えることもある**という点にあります。

　株式市場はそのときどきで熱量やリスク許容度、注目が集まるテーマも異なります。そうした要因が重なれば、時にバリュエーションが過去のレンジを大きく超えていくことがあります。過去のバリュエーションのレンジに従って、目標株価を達成したので焦って売却した結果、その後の株価上昇をとれなかったという話はよくあります。

　過去のバリュエーションの水準に達するまでを「フェーズ1」、過去のバリュエーションのレンジを超えた状況を「フェーズ2」としてみましょう。

　株式市場は、今見えていない水準を織り込むのが苦手です。むしろ慎重といったほうがいいでしょう。

　株価に関して、「上値が重い」というのを耳にしたことがある人も多いかと思います。これは、株価の絶対水準というよりは、バリュエーションについて考える必要があります。

　現在のバリュエーションが、過去のバリュエーションのレンジの高値にあり、そのレンジを超える大きな理由がないので、上値が重くなっているということがあります。こうしたことは「フェーズ1」でよくあります。この「フェーズ1」で、ある程度の含み益があれば、いったん利益を確定してしまうのも一つの選択肢です。

　また、株式投資の中上級者に楽しんでほしいのが「フェーズ2」です。株主資本複利銘柄には、「優良銘柄（ブルーチップ）」と呼ばれる銘柄が多く含まれます。収益を安定して計上し、中には収益性が高い企業もあります。

　こうした優良企業でも、株式市場全体の影響を受けて株価は常に動きます。株式市場の期待が移り変わる中で、既存事業でもその評価は過小にされたり、過大にされたりもします。

　何かの理由で過去のバリュエーションのレンジを超えていくと、一度達成したレンジが実績となります。時間がたったとき、そのレンジをまた株式市場は参考にすることになります。そうした出来事を繰り返しながら、バリュ

エーションのレンジが切り上がっていくことがあります。そうした銘柄は長期的に上昇トレンドとなり、中には 10 倍株となっていく銘柄も含まれます。結果論になりますが、途中で売らずに、持ちっぱなしが一番よかったということもあります。

株主資本複利投資の銘柄研究

　株主資本複利投資について、過去に株主資本が着実に拡大してきた銘柄の例をあげながら見ていきましょう。ここで取り上げたいのが、みなさんご存じの家具大手、ニトリホールディングスです。

　ニトリの 2010 年から 20 年 2 月期までの ROE、また、PER と PBR の高値と安値ベースのバリュエーション推移を見てみましょう。以下のような特徴があります。

- ・ROE は凸凹はあるものの、2011 年 2 月期の 22％をピークに低下傾向。2020 年 2 月期は 13％台
- ・PER は 2016 年 2 月期からレンジが上方に拡大し、2018 年 2 月期には PER で 30 倍台に
- ・ROE が低下傾向であったものの、PER が拡大したこともあり、PBR は 2018 年 2 月期にピークに達し 4.7 倍に

　ROE 水準は低下傾向でしたが、株主資本は着実に拡大しています。過去 10 年の ROE の平均は 15％でした。目安の 12％はしっかりと超えています。

　株主資本は 2010 年 2 月期に約 1300 億円であったものが、20 年 2 月期には 5600 億円に拡大しています。10 年間で実に 4 倍以上に拡大しています。

　また、過去の 10 年間の株主資本の年間平均成長率は約 15％となっています。年間 15％の複利で株主資本が拡大してきたといえます。

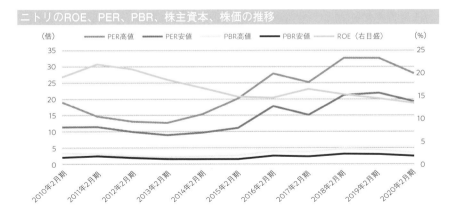

ニトリのROE、PER、PBR、株主資本、株価の推移

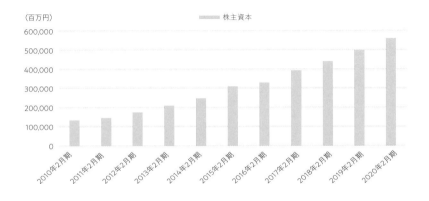

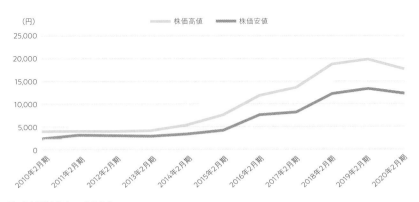

（出所）会社資料をもとに著者作成

株主資本の拡大とともに、PBR のマルチプル（倍率）も拡大してきたのは先ほども見たとおりです。では、株価はどのように拡大したのでしょうか。2010 年 2 月期の安値で 2375 円であったものが、2019 年 2 月期には 1 万9850 円まで上昇しました。株式は必ずしも安値で買えませんが、仮に 2010年 2 月期の安値で買えていれば、2019 年 2 月期までに株価は 8.3 倍となっていた計算になります。

　この期間では、残念ながら「10 倍」とはなっていませんが、ここまで見てきたように ROE で 12％以上に保ちつつ、株主資本をしっかり積み上げ、株式市場に利益成長率期待をしっかり持たせることで PER の拡大に成功しました。その結果、PBR のマルチプルは拡大し、株価は大きく上昇することになったわけです。株主資本複利投資の成功例といってもよいでしょう。

　バリュエーションでいえば、2015 年 2 月期までを「フェーズ 1」、それ以降を「フェーズ 2」と呼ぶことができます。

「フェーズ 1」である 2010 年 2 月期から 15 年 2 月期の安値と高値で比較すると、株価は 3 倍以上になっています。「フェーズ 1」でも十分に大きな投資のリターンを手にすることができます。

　また、「フェーズ 2」だけを見ると、どうでしょうか。2016 年 2 月期から20 年 2 月期までを見ると、安値と高値で比較すると 2.6 倍になっています。「フェーズ 2」に入ってからでも投資リターンが十分なことがわかります。つまり、バリュエーションが過去のピークレンジを超えてからでも、しっかりと株主資本を拡大できる会社であれば十分にチャンスがあるといえます。「フェーズ 1」だけでも十分に超過収益がありますが、「フェーズ 2」までしっかりと投資をすることで、さらにリターンを手にすることができるのです。

スペシャルシチュエーション投資はバリュー株投資の再定義

　スペシャルシチュエーション投資は、バリュー株投資の再定義です。PBR

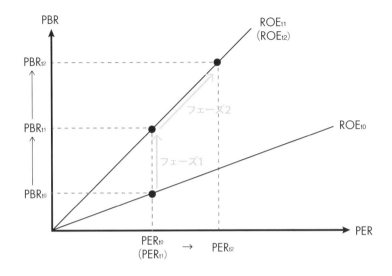

が安いからといって投資に値するということではありません。ブランドを持っている企業が、一時的に特殊な事情や環境により業績が落ち込み、企業が本来持っている資産の価値や収益性、財務体質から考えると割安な評価をされ、その評価が見直される可能性が高いことから、投資に値するというアプローチです。つまり、「**ブランドを生かして再生すれば、過去に評価されていた水準に最低でも戻る**」という考え方をします。

　PBRが安い銘柄が「上がったらいいなぁ」と期待することもあります。ただ、低PBRだという理由だけで投資をし、PBRがなかなか上がらない状況がよくあります。これを「**バリュートラップ（割安の罠）**」といいます。

　バリュートラップは、単にPBRが安いだけで、ROEの改善や利益成長期待の拡大がないのが原因です。そうした事態を避けるため、スペシャルシチュエーション投資では、「過去に実績のある企業」を選別します。つまり**歴史が重要**ということになります。

　では、スペシャルシチュエーション投資は、どのようなメカニズムでしょ

うか。前ページの図をもとに見ていきましょう。

最初の t0 時点の ROE を ROE_{t0}、そして PER を PER_{t0} とします。そのときの PBR を PBR_{t0} とします。

PBR_{t0} は、企業努力が欠けていたことなどが原因で、PBR は 1 倍以下で評価されているというケースなどです。必ずしもスタート時点で PBR が 1 倍以下である必要はありません。過去の PBR レンジを見て、その中で低い水準であることがポイントになります。

さて、会社が、収益管理の状況をより厳密に管理するようになり、これまで有効に活用してこなかった資産を活用して事業展開をするなどして、ROE が 1 年をかけて ROE_{t0} から ROE_{t1} へ改善します。先に見たアクティビストの提案やエンゲージメントなども、そうしたきっかけになりえます。

ただ、株式市場は、長年にわたって収益性や資本効率が改善してこなかった会社に対して厳しいので、評価はそう簡単には変わりません。短期間では、利益成長率が変わらないという冷たい評価をします。その結果、PER_{t1} は PER_{t0} と変わりません。ただ、ROE は ROE_{t1} へと改善するため、マルチプルは PBR_{t1} に切り上がります。

PBR_{t1} は、過去に実現していた PBR の水準が一つの目安となります。ただし、PBR_{t1} が過去にあった水準にそのまま戻るかというと、決してそうではなく、ここまで見てきたように ROE と PER の関係から逃れられません。一度、株式市場に見放された企業の利益成長率の評価はそう簡単に変わるものではありませんから、まずは経営者が自分たちの判断で行動できる配当政策などの株主還元策を通じて ROE の水準を変化させるというのがよくあるパターンです。

その後、企業の収益改善が今後も継続すると見られれば、1 年後の t2 時点で、PER は PER_{t1} から PER_{t2} にシフトします。その結果、PBR は PBR_{t1} から PBR_{t2} へとさらに切り上がります。

このように、スペシャルシチュエーション投資では、PBR が時間とともに切り上がっていきます。そして、株主資本が積み上がっていれば、株価は

上昇することになります。

スペシャルシチュエーション投資の出口戦略

　スペシャルシチュエーション投資も株主資本複利投資と同様に、「フェーズ1」と「フェーズ2」に分けることができます。

「フェーズ1」は、t0からt1への移行で、PBRがPBR_{t0}からPBR_{t1}に切り上がるフェーズです。そして「フェーズ2」は、t1からt2への移行で、PBRがPBR_{t1}からPBR_{t2}へ切り上がるフェーズです。

　このフェーズが切り替わる時間軸ですが、一度変化を始めて株式市場の注目を集めると、「フェーズ2」であれば1〜3年という意外と短期間で実現してしまうことがあります。

　そして、この投資の注意点は、PBR_{t2}の水準に必ずしも居続けられないということです。たとえば、ROEが一時的に向上しても、その状況を維持しきれないことがあります。一時的に遊休資産の売却や費用圧縮をして利益を計上しても、継続的に本業で利益拡大を実現できなければ、株式市場での利益成長率への期待はしぼんでしまいます。つまり、PER_{t2}の水準を維持できなくなるわけです。

　PER_{t1}からPER_{t2}へシフトしたのは過剰な期待であったと株式市場が思えば、時間の経過とともに間違いとして修正され、再びPER_{t0}（PER_{t1}）の水準に戻ってしまいます。その結果、PBRの水準もPBR_{t2}の水準からPBR_{t1}の水準にまで戻ってしまいます。

　スペシャルシチュエーション投資の銘柄は、過去の水準に戻ったあと、さらなる成長を遂げなければ、「フェーズ2」に居続けることができません。「フェーズ1」で過去のPBRの水準を無事に達成し、株式市場で「フェーズ2」の期待が高まったとしても、実績が伴わず、結果として長く居続けられなかったというのはよくあるケースです。

スペシャルシチュエーション投資でより確実に投資の超過収益を手にするには、「フェーズ１」でしっかりと利益を確定することが重要になります。

　また、「フェーズ２」では、過剰に会社に期待することなく、実績を見極めながら「フェーズ２」に定着していけるのかどうかを確認することが大けがをしないコツです。

スペシャルシチュエーション投資の銘柄研究

　スペシャルシチュエーション投資の状況にあった銘柄は、どのようなものがあるでしょうか。

　ここでは、森永製菓を例にしていきます。森永製菓といえば、「ハイチュウ」「チョコモナカジャンボ」などの菓子食品、冷菓など、誰もが知るお菓子メーカーです。確実にブランドを持つ企業といえます。

　その森永製菓ですが、2016年３月期以前は、売上高も減収傾向にあり、営業利益率も５％にも届かないという状況でした。少子高齢化で国内の菓子市場の成熟化の影響は避けられず、収益的にはぱっとしない状況が続いていました。

　しかし、2015年度の中期経営計画（2016年３月期〜18年３月期）では、売上高も増加に転じ、品目削減などにより生産効率や商品規格の見直しで売上高原価を改善し、大幅増益を実現します。結果、営業利益率も10％近くまでに改善します。[7]

　また、主力事業の採算性の改善だけでなく、保有していたゴルフ場の売却など、事業に関係ない資産の売却も進めていきます。[8] このようにして、森永製菓は、資産内容なども見直してきました。

　森永製菓は、消費者になじみのある商品・ブランドを持ちながら、それら

（7）https://pdf.irpocket.com/C2201/H3x0/TFRA/bjs9.pdf
（8）https://pdf.irpocket.com/C2201/wReJ/IvWE/wPWt.pdf

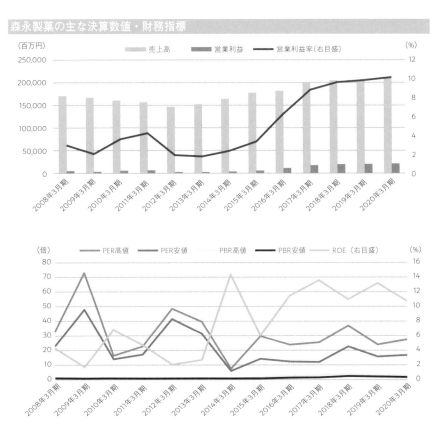

森永製菓の主な決算数値・財務指標

（百万円）　　　■ 売上高　　■ 営業利益　　― 営業利益率(右目盛)　　　　　　(%)

（倍）　　― PER高値　　― PER安値　　PBR高値　　― PBR安値　　ROE（右目盛）　　(%)

〈出所〉会社資料をもとに著者作成

を十分に生かし切れていない状況にありましたが、収益改善とバランスシートのスリム化によってブランドのポテンシャルを再確認しているというのが現状です。

　それでは、同社のバリュエーションがどのように変化してきたのかを見ていきましょう。上の図は、2008年3月期から20年3月期までの、ROE、PER、PBRの推移を見たものです。まず、2008年3月期から20年3月期までの間のROE、PERとPBRの高値と安値ベースの推移を見てみましょう。以下のような特徴があります。

［株主資本複利］と［スペシャルシチュエーション］へ　第5章　**169**

- ROE は 2013 年 3 月期までは 2 ～ 6%のレンジで推移していたが、その後、大幅に改善。2016 年 3 月期以降は 10%台前半を維持。過去 5 年では目安の 12%を挟んだ展開
- 2014 年 3 月期までは当期純利益のばらつきが大きく、PER も同様に 10 倍台から 70 倍台まで大きく動く。ただし、2015 年 3 月期からは安値では 10 倍台、高値では 30 倍台のレンジに落ち着く
- PBR は 2015 年 3 月期までは安値ベースでは 1 倍を割れることもあったが、2016 年 3 月期からは PBR の安値でも 1 倍以上となり、PBR の高値ベースとともに大きく切り上がってきた展開

　森永製菓の場合には、2016 年 3 月期から 20 年 3 月期の PER のレンジを見ていくと、レンジが大きく切り上がっているという状況ではありません。2018 年 3 月期に一時的に高値ベースでは 30 倍台を超えるまでに大きく切り上がりましたが、その後、マルチプル（倍率）はやや縮小し、高値ベースでは 20 倍台での推移となりました。

　こうして見ると、森永製菓の PBR の変化は、ROE の改善によって大きくドライブ（牽引）されてきたともいえます。

　ROE と PBR の関係をわかりやすいように、再度、図表にしました。この図からわかるのが、ROE が改善した 2014 年 3 月期以降、PBR の高値は上昇トレンドに入っています。ただし、PBR は 2018 年 3 月期をピークにやや下降傾向にあります。これは ROE 水準が 12％を挟んで落ち着いたことと、PER の高値と安値のレンジ幅も低下したことによります。

　PER のレンジ幅が低下しているのは、株式市場における利益成長率への期待が次第に薄れていっているからです。「フェーズ 1」を超え、「フェーズ 2」に突入していますが、今後も「フェーズ 2」に居続けられるかは、ROE の改善と利益成長率の向上期待を再び持たせられるかがカギとなります。

　また、株主資本については、ROE が 1 桁パーセント台で推移している間

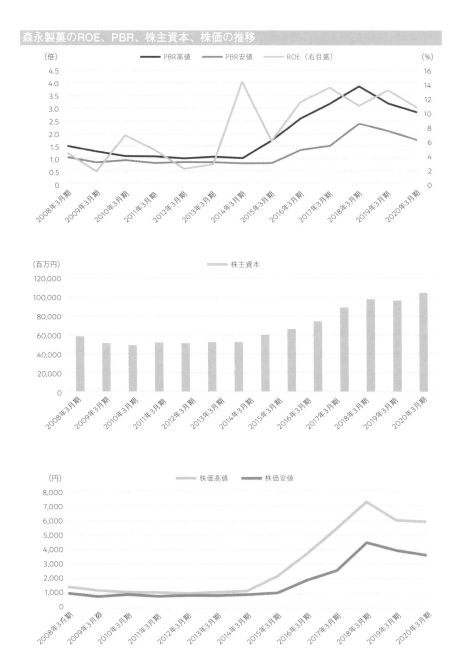

森永製菓のROE、PBR、株主資本、株価の推移

（出所）会社資料をもとに著者作成

は十分に積み上がっていませんでしたが、2014年3月期以降、株主資本は本格的に増加傾向となり、2020年3月期には1000億円を超えています。

これらの点を踏まえて、株価の推移を見てみましょう。

安値で投資できたかはさておき、2009年3月期の安値から2018年3月期の高値を比べると、株価は9.3倍となっています。同期間で「10倍株」とはいえませんが、それに近い株価上昇を示しています。

高値ベースで見ていくと、株価が大きく動き出すのは、2015年3月期以降です。ここまで見てきたように、2015年度には中期経営計画を発表し、その中で収益の改善計画を打ち出しました。その後は、実際に収益が改善し、ROEも改善して、株主資本も積み上がり、PBRも切り上がっていることで、さらに株価が上昇するという好循環となったのです。

しかし、2018年3月期以降の株価は下落トレンドになっています。株主資本は積み上がっているものの、PBRのマルチプルが下がっているからです。そのPBRが下がっているのは、ROEの安定化とともに、PERのマルチプルが低下したからです。

「フェーズ1」を2009年3月期から15年3月期までとすれば、その間の安値（2009年3月期の785円）と高値（2015年3月期の2170円）を比較すると約2.8倍になっています。パフォーマンスとしては悪くはありません。

ただ、指摘があるとすれば、このリターンを実現するのに6年近くかかっていることです。森永製菓というブランドがあることに自信を持ちながらも、投資家としてこの期間を待ち切れるかどうかが、リターンを手にできるかどうかの分かれ目になります。

こうしたPBRの1倍割れをじっと待つ姿勢は、「バリュー株投資」のよくあるパターンともいえます。時間が待てるのならば、それでもかまいません。

しかし、重要なのはブランドが評価されるタイミングです。この判断の難しさがスペシャルシチュエーション投資にはあります。

機関投資家の中には、「再生銘柄は、会社が中期経営計画を発表し、その実現性を確認してからでも遅くはない」という人もいます。

たとえば、中期経営計画が発表された2016年3月期から現在まで、株価がどう動いたのかを見てみましょう。

　ちなみに、2016年3月期からは、それ以前のPBRレンジを超えたスタートといえるので、バリュエーションで見て「フェーズ2」といえます。また、2016年3月期の安値ベースのPBRは1.3倍と、1倍を超えたスタートです。

　その期間の安値（2016年3月期の1915円）と高値（2018年3月期の7270円）を比較すると、株価は実に3.8倍になっています。時間にしても約2年です。「フェーズ2」だけの投資でもしっかりリターンがとれていることも確認できます。

　ただ、スペシャルシチュエーション投資の本当の難しさは「フェーズ2」に移行してからにあります。仮に、2018年3月期の高値（7270円）で買ってしまった投資家は、2020年3月期（3610円）の安値と比較してみると、実に株価が半分になってしまいます。

　スペシャルシチュエーション投資のポイントは、**時間をかけてでも、うまく「株主資本複利投資」に切り替わっていけるかどうか**です。株式市場は過去の再生の実績を評価しても、将来の利益成長率への期待がなくなれば、容赦なく売却していきます。

　スペシャルシチュエーション投資は、投資のタイミングの判断と「フェーズ2」に入ってからの業績の見極めなどのメンテナンスが必要です。個人的には、株主資本複利投資より難易度が高いアプローチと見ています。

バリュエーションは未来を考えるな！　まずは過去を見る

　バリュエーションは、投資家にとって「魂」ともいえる領域です。どんなに調査をしても、バリュエーションができなければ、投資ではその調査の価値はありません。それくらいにバリュエーションが重要です。

　ただ、個人投資家が収益予想モデルを作成し、将来の業績予想をもとに企

業のIR担当者と対話をしながらバリュエーションをする……というのは現実的ではありません。

では、どうすればよいかといえば、まずは**過去のバリュエーションの推移を参考にする**ところからスタートします。

そして、「今」のバリュエーション水準と比較をし、「株式市場が、今期待している水準は、歴史の中でどの位置にあるのか」を確認します。この作業で株式市場の「熱量」を測ることができます。

業績がよい銘柄を見つけて、「投資をしたいな」「気になるな」と思えば、まずは過去のバリュエーションレンジと現在の水準を確認します。現在のバリュエーションが過去のレンジに比べて低い位置にあれば、すぐに投資機会となるかもしれませんし、レンジの高い位置やレンジの上にあれば、慎重に検討することになります。

株主資本複利投資では、株式投資の経験が短い人でも「フェーズ1」で比較的簡単に超過収益を手にすることができます。また、そうした銘柄のバリュエーションが過去のレンジを外れた「フェーズ2」になったとき、投資妙味が魅力的なのはニトリの例でもおわかりいただけたと思います。

株主資本複利投資では、過去のバリュエーションレンジに目標株価を設定することができます。それが「フェーズ1」となります。株価がその目標株価をつけたら、いったん利益を確定させるために売却するのも一つの手ですが、業績に特段問題がなければ、そのまま持ち続けるのも一つの選択肢です。

過去のレンジに基づいた目標株価は、実は機関投資家も同じように設定していると考えるのが自然です。みなさんが設定した目標株価あたりで「もみ合う展開」になることが多いと思います。それは機関投資家も同じように悩んでいるために起きる現象です。

では、個人投資家は「フェーズ2」を目の前にして、どのように対応すればよいでしょうか。

しばらくの間は、機関投資家に業績予想をさせて、取引をさせ、その中で値づけをさせるくらいの姿勢で保有し続けるのがよいでしょう。

過去のバリュエーションレンジを超えて取引され、しばらくたったなら、そのバリュエーションが実績となり、積み重ねることで歴史になります。業績がよければ ROE も改善し、利益成長率への期待値も引き上げられ、PER のマルチプルも拡大します。その結果、PBR のマルチプルも拡大していくというメカニズムはこれまで見てきたとおりです。

　株価が一時的に下落しても、先につけたバリュエーションレンジがまた参考にされ、業績がよければ、また新しいバリュエーションレンジを参考にして上昇していくことになります。このプロセスを繰り返していくことで、時間とともに 10 倍株になっていることもあるのです。

　スペシャルシチュエーション投資でも同様に、「フェーズ1」は過去のバリュエーションを参考に目標株価を設定することができます。

　ただ、スペシャルシチュエーション銘柄の「フェーズ2」は扱いにくいというのが実際のところです。なぜかといえば、過去に経営がうまくいかなかった会社とその事業計画を長期的に信用できるのかという要素が入るためです。

　この点は、企業経営者に取材を申し込むことができる機関投資家は有利な立場にあります。個人投資家にはそうした機会はほとんど与えられないでしょう。短期的に大きな株価パフォーマンスが出るスペシャルシチュエーション投資は、こうした難しさがあることも認識しておくべきです。

コラム　PER と DCF の考え方

　株式投資を経験された人は、1度は PER（株価収益率）を計算したことがあるのではないでしょうか。PER とは、株価評価（バリュエーション）の一つで、マルチプルを使うマーケットアプローチと呼ばれるバリュエーションです。

　PER を算出する方法は極めて簡単です。したがって個人投資家だけではなく、プロ投資家の間でもよく使われるバリュエーションの一つです。

$$PER ＝株価÷予想 EPS（1 株当たりの当期純利益）　①$$

　自分が投資をしたい企業 A 社の株価が現在 1000 円。今期の会社による連結業績予想の EPS が 100 円だとすると、株価を EPS で割った PER は 10 倍になります。

「日本株全体の PER が 15 倍なので、PER10 倍の A 社の株価は安く見えるな」という具合に簡単に使うことができます。

　また、バリュエーションを語る上で避けて通ることができないバリュエーションの一つに、キャッシュフローをもとに絶対株価を求めるディスカウントキャッシュフロー（DCF）モデルがあります。これはインカムアプローチと呼ばれます。

　企業が将来に生み出すキャッシュフローの予想を前提に現在価値に割り戻し、事業価値を算出して、最終的に株主価値を算出していきます。株価の算出プロセスにこだわる証券アナリストには DCF を好む人もいます。

　ただし、将来のキャッシュフローの予測精度（たとえば、今ある事業はどのくらい継続性があるのか、競合企業の参入によって事業寿命や生存確率はどうなのか）や、現在価値に割り戻す際の割引率（たとえば、6％は低く、8％は高いのかなど）など、予想しなければならないポイントがいくつもあり、株価を算出するときに、算出する者の恣意性が「働きすぎる」という懸念があります。実際のところ、「慌ただしい」資産運用の現場では、DCF は敬遠されがちです。

　もっとも、両者のバリュエーションの考え方は、本質的に同じというオチがあります。

　DCF では、企業が事業を通じて生み出す FCF（フリー・キャッシュフロー）が定率 g％で無限に成長し、その割引率を r％とすると、FCF の現在価値（Present Value）は以下のような式で算出できます。これは、

第3章のコラムで見たDDMと同じ考え方です。

$$PV = \frac{FCF}{r-g} \quad ②$$

　株主資本価値を算出するには、本来、このPVに非事業用資産を加え、有利子負債を差し引きます。ただし、ここでは貸借対照表の非事業用資産や有利子負債の影響を無視して、③のようにPVが株主資本価値、つまりShareholders' Equity（SE）とみなします。

$$PV = SE \quad ③$$

　また、FCFを当期純利益（Net Income：NI）に置き換えると、②の式は以下のような計算式④になります。フリー・キャッシュフローを計算する中で、当期純利益が占める比率が大きいこともあり、必ずしも現実離れした設定ではありません。rとgもそのままとします。

$$SE = \frac{NI}{r-g} \quad ④$$

これを整理すると、次のようになります。

$$\frac{SE}{NI} = \frac{1}{r-g} \quad ④'$$

SEを発行済株式総数nで割れば、株価priceになります。

$$price = \frac{SE}{n} \quad ⑤$$

（9）KPMG FAS『図解で分かる企業価値評価のすべて』（日本実業出版社）がわかりやすい。

また、NI を同様に発行済株式総数 n で割れば、1 株当たりの当期純利益 EPS となります。

$$EPS = \frac{NI}{n} \qquad ⑥$$

④´に⑤と⑥を変形して代入すると、まさに PER を算出する式になります。

$$\frac{price}{EPS} = \frac{1}{r-g} \qquad ⑦$$

$$PER = \frac{1}{r-g} \qquad ⑦´$$

仮に割引率の r が 7％、成長率の g が 5％であれば、PER は 50 倍。r が 7％、g が 3％だと PER が 25 倍。また、r が 7％、g が 0％（つまり当期純利益は成長しない）の前提であれば、PER は 14 倍程度になります。

運用の現場では、感覚的に、株式市場全体が堅調な際には r で 6％、軟調な際には 8％程度を使っているとしっくりくる感じです。もっとも、割引率も会社の業績のボラティリティや財務内容で調整したくなりますが、まずはこれらの水準を頭に入れておくと便利です。

次ページの表は、g と r の関係を示したものです。企業の PER を見る際に、株式市場がどのような期待を織り込んでいるのかをイメージするのに便利な表です。

ちなみに日本の株式市場を見ると、2014 年から 17 年では、市場予想PER は 13 ～ 15 倍、会社予想であれば 14 ～ 16 倍で推移しています。

ここでは、株主資本価値を算出するにあたって、貸借対照表を無視しています。FCF を NI（当期純利益）に置き換えていることや、FCF を永久としていることなど、前提条件に関してのツッコミどころは数多くあります。ただ、PER と DCF は実質的に同様の考え方をしていることを

理論PER（倍）前提条件一覧表

	r=6%	r=7%	r=8%
g=0%	16.7	14.3	12.5
g=1%	20.0	16.7	14.3
g=2%	25.0	20.0	16.7
g=3%	33.3	25.0	20.0
g=4%	50.0	33.3	25.0
g=5%	100.0	50.0	33.3
g=6%	---	100.0	50.0

ご理解ください。

「株式投資は PER で 15 倍以下の銘柄を買いなさい」という表現をした書籍や記事を見かけることもあります。先ほども触れたように、株式市場は予想主体によって、PER で 13 〜 16 倍で推移しますから、そういいたくなるのもわかります。

これはバリュエーションが安い株式に投資をしなさいといっているのと同じなので、それ自体は毒にはなりませんが、この考え方だけにこだわると、自分の投資の選択肢を狭めることにもなりかねません。

上の表で見たように、割引率 r が 7％で、当期純利益が成長しないゼロ％成長の前提では、おおよそ PER は 14 倍程度です。こうして見ると「PER で 15 倍以下を買う」という基準は、個別企業の成長性を無視した判断ということがわかります。この考えから抜け出せないと、成長率の高い企業には投資をすることができなくなります。

また、単純に PER の絶対値だけを見ているのであれば、企業が大きく変わろうとしている変化点を見逃してしまうかもしれません。

というのも、企業が業績悪化したときは利益水準が低くなり、PER を見ると、絶対値で高い水準になることも多いからです。「株は変化をとらえることが重要」と触れましたが、その変化を避けて通ることになります。

第6章

個人投資家でもできる
「予想がいらない投資法」

やみくもな銘柄選択からルールのあるスクリーニングへ

　みなさんは、株式投資をするときに、値動きのよい目についた銘柄やニュースで取り上げられた銘柄を買うなど、やみくもに投資をしようとしていませんか。私が個人投資家向けに銘柄調査の方法やバリュエーションの仕方の講義をしていたときに、びっくりした経験があります。

「みなさんは、投資をする銘柄をどうやって決めているのですか？」と質問すると、ほとんどの人が「とりあえず気になる銘柄から調べていく」という答えでした。

　気になる銘柄から調べていくというのは、当然ですし、それはそれで楽しい作業です。しかし、投資に充てる時間が限られている人からすると、必ずしも効率的だとはいえません。

「なぜその銘柄が気になったのですか？」と聞いても、「たまたま」とか「偶然」というような返答ばかりで、行き当たりばったり感は否めません。

　これでは、自分で決めた投資アプローチがないともいえます。次に投資をするときも、同じように銘柄を探すための「再現性」がありません。そして、こうしたアプローチでは、一度はよい銘柄に出会うことがあっても（いわゆるビギナーズラックもこれに含まれます）、次の投資機会を探すのに苦労します。

　そこで、効果を発揮するのが「**スクリーニング**」です。実は機関投資家もスクリーニングをしているのです。

　では、スクリーニングとはどのようなものでしょうか。スクリーニングとは、自分が狙い定めるユニバース（対象）から、自分が希望する条件を設定し、それに合致する結果だけを引き出すという作業です。

　みなさんが、日本株式に投資をすると決めたとき、何を目的としているのでしょうか。

その答えは、「自分が投資できる金額の範囲で、最も上がる株に投資をすること」なのでしょうが、それは上場企業約3700社から「これは！」という銘柄を見いだす作業にほかなりません。

3700社を一つずつ調べていくのでは、どこから手をつけていいのかわかりません。そこで、自分で投資をしたいなと思うグループ（ユニバース）を決めるのです。

ただ、グループといわれても、迷ってしまうと思います。そこで、自分が投資を決める際に重視しているモノサシのうちで一番大きな目盛りを基準にして決めていきます。たとえば、以下のような大きなグループでとらえると、網の目が小さくも大きくもなく、ちょうどよいかなと思います。

・時価総額別
・上場市場別
・セクター（業種）別

いつでも買ったり売ったりできるのが好きなのであれば、流動性がある「時価総額別」で時価総額の大きな銘柄を投資対象にします。時価総額順に上位100社とか500社などがユニバースになったりします。

また、一口に市場といっても、上場市場もさまざまです。東証第1部、第2部、マザーズ、JASDAQスタンダードなどに分かれています[1]。現在ではあまり意味をなさないかもしれませんが、上場市場別というグルーピングのアプローチもあります。たとえば成長企業に興味があれば、東証マザーズの銘柄を中心にスクリーニングするというアプローチです。

投資先をさらにフォーカスしたいのであれば、小売業やインターネット企業といったグループに焦点を当てることもできます。これをセクター別のアプローチといいます。ちなみに、東証では33業種あります[2]。

（1）https://www.jpx.co.jp/listing/co/index.html
（2）https://www.jpx.co.jp/glossary/ka/112.html

業種ごとに時価総額順に並べて、それらをユニバースにするというように組み合わせることも可能です。

プロ投資家も行うスクリーニング

　日本株式を運用する機関投資家の多くがベンチマーク（基準）としているTOPIXも東証第1部の約2100銘柄から構成されています。この中から、ファンドマネージャーがこれぞと思う数十の銘柄を選択するのが投資信託や年金のアクティブ運用の基本動作です。

　たくさんの銘柄から有望な銘柄にたどり着くために、スクリーニングは避けられません。そして、そのスクリーニング作業を定期的に行うことで、常によい銘柄を見いだそうとします。

　また、世界株式を運用している機関投資家もあります。その際のベンチマークとしてMSCI ACWIインデックスがありますが、その構成銘柄は約3000あります。[3] 投資対象が増えていく中で、スクリーニングはますます欠かせないことがおわかりでしょう。

　世界株式を対象に、生身の人間が少人数でもれなくカバーしていくのは難しいことです。そのため、セクターごとにファンドマネージャーを分けて管理するという運用会社もあります。ファンドマネージャーは、担当のセクターごとに銘柄をスクリーニングするのです。そうすることで、ポートフォリオの変化に目を光らせるようにしています。通常、こうした銘柄へのアプローチは「トップダウン」ともいわれます。

　その一方で、具体的な銘柄から投資対象へアプローチする「ボトムアップ」のファンドマネージャーも、スクリーニングを活用しています。このアプローチはどちらが正解というものではありませんが、両方を使い分けている人が

（3）https://www.msci.com/documents/10199/a71b65b5-d0ea-4b5c-a709-24b1213bc3c5

多い印象があります。

　株式市場で話題になっているテーマや企業から調べていくというアプローチもありますが、そうした企業はすでに割高になっていて、結果的に投資できないということがよくあります。やみくもに銘柄に当たるのではなく、銘柄を調べる際に「ルーティン」があるほうが、投資生活も安定します。

個人投資家にも簡単にできるスクリーニングの準備

　スクリーニングをするためには、何が必要でしょうか。

　それは一にも二にも、データです。企業業績のデータを収集する必要があります。最近では、ユーザベース社が提供するSPEEDAなど、使い勝手のよい有料ダウンロードツールも多くなり、スクリーニングも簡単にできるようになってきましたが、ここでは、あえてすべて「無料」で、簡単に自分でつくれる方法を考えてみます。

　ここで必要となるツールや資料は以下の3つです。ただし、インターネット証券口座がなくても、スクリーニングは可能です。とはいえ、これから株式投資を始めたいという人は、いずれ必要になると思いますので、早めに口座を開設することをおすすめします。

・表計算ソフト
・有価証券報告書、決算短信
・インターネット証券口座（口座開設が必要になりますが、無料です）

　表計算ソフトとは、グーグル社が提供する「スプレッドシート」やマイクロソフト社が提供する「エクセル」です。スプレッドシートは、グーグルのメールアドレスのアカウントを作成すると無料で使えます。エクセルの場合は有料になるので、ここではスプレッドシートで話を進めます。基本的には、そ

れぞれ同じ機能を有しています。スプレッドシートで、企業業績や株価、バリュエーションを管理していきましょう。

有価証券報告書では、過去の企業業績と株価の高値と安値がわかります。それらをもとに、ROE やバリュエーションを算出します。

最新の決算短信では、会社が発表する業績予想を確認することができます。また、直近の発行済株式総数や自己株式数を確認することもできます。個人投資家は無理に予想するのではなく、まず会社の業績予想を軸に現在の株価におけるバリュエーションを確認するのでいいと思います。

有価証券報告書や決算短信は、会社が IR 情報としてインターネット上に公開しているので、無料で入手できます。有価証券報告書は、以前は印刷物でしか入手できないときもあったので、相当便利な時代になりました。

さらにバリュエーションにこだわる人は、SBI 証券や楽天証券などのインターネット証券に口座を開設し、証券アナリストの予想の平均値である「コンセンサス」を活用するといいでしょう。アナリスト予想をもとにバリュエーションがどの水準にあるのかがわかります。インターネット証券口座の開設は無料なので、アナリストのコンセンサスを利用したい人にはおすすめです。

ちなみに、アナリストのコンセンサスをある程度使いこなせるようになると、株式投資の初心者から中級者への階段を一つ上がったといえるでしょう。個人投資家とプロ投資家である機関投資家の差も、ここにあるといえるでしょう。

経済環境や市場環境の急変で会社による業績予想が開示されない場合（たとえば、リーマンショックや新型コロナウイルス感染拡大後）には、アナリスト予想があるなら、それを使うことができます。

また、いろいろな銘柄のコンセンサスを見れば気づくと思いますが、アナリストが業績予想をしていない銘柄もあります。そうした銘柄は「手あか」がついていない分、将来大きく注目されて株価が上昇することがあります。そういった観点で銘柄を探していくのも面白いです。

有望な銘柄に行き着くためのスクリーニングのステップ

　では、投資対象のグループを決定し、どのようにスクリーニングしていくのかについて見ていきましょう。

　大きく分けると3つのステップになります。

　①投資対象のグループを決定
　②表計算ソフト（スプレッドシート）を使って銘柄を整理
　③スクリーニングを実施

　投資対象のグループというのは、どのようなものでもかまいません。たとえば、上場企業のうち「小売業」に興味があるなら、時価総額が大きい順に投資対象として検討するのでもかまいません。

　最近、株式市場で熱量がある話題をテーマにするのでもかまいません。「SaaSの企業に興味がある」のであれば、それらを対象にするのです。

　ここでは、多くの方になじみがある小売企業を例に見ていきましょう。また、時価総額の大きな銘柄のほうが安心感があるので、小売業の中でも時価総額の大きな銘柄を中心に見ていくことにします。

　本書では紙幅の制限もあるので、次のような10銘柄をピックアップしてみます。銘柄数はいくつでもかまいません。むしろ多いほうが、自分が知らなかった銘柄に出会えるチャンスが増えるのでおすすめです。

　・ファーストリテイリング
　・セブン＆アイ・ホールディングス
　・ニトリホールディングス
　・イオン

・パン・パシフィック・インターナショナルホールディングス

・ファミリーマート

・MonotaRO

・ウエルシアホールディングス

・ワークマン

・コスモス薬品

スプレッドシートを使う銘柄整理法

　ここではスプレッドシートを使って、興味のある銘柄を整理し、スクリーニングしていく方法をご紹介します。パソコンをお持ちの方は、以下のURL からスプレッドシートを開いてみましょう（190 〜 193 ページの表がスプレッドシートです）。

https://www.diamond.co.jp/go/pb/kabusp.html

　銘柄整理は以下の流れで行います。

　一番左の「列」に銘柄名を記入します。

　その次の列に、財務に関する以下の 5 つの項目を記載します。

・売上高（売上収益）

・営業利益

・当期純利益

・株主資本[※]

・総資産

（※ここでいう株主資本は純資産や資本から非支配持分を除いたもの）

また、それらをベースにして、以下の2項目を算出します。

・ROE

・**株主資本比率**

使うのはこの7項目だけです。極めてシンプルです。

続いて、銘柄名の横に決算期を記入していきます。

ここでは、リーマンショック時の影響を見るために2008年度の決算にまでさかのぼっています。入力が面倒であれば、スプレッドシートに入力するのは、直近5年分でもかまいませんが、ここまで見てきたように経済環境が最悪期の決算を見ておくことの意味は大きいです。

さて、売上高から総資産までの項目は、有価証券報告書や決算短信に記載されています。各社のホームページの「IR情報」に過去の決算情報も掲載されています。

一部の企業では10年前の決算が掲載されていないこともありますが、そういった会社は開示が丁寧でないと見切るか、インターネットで検索してなんとか過去資料を見つけ出してください。[4]

財務データを入力したら、次にROEと株主資本比率を計算します。

ROEは当期純利益を株主資本で割ります。その際の注意点として、株主資本は前年度と当該年度の平均値をとるようにします。もっとも、面倒であれば、当期純利益を同年度の株主資本で割ってもかまいません。

ここまでが、スクリーニングをするまでの下ごしらえになります。

ここでは銘柄数を10社にしましたが、企業数は多ければ多いほど、自分の基準に達する銘柄が増える可能性が高まります。興味がある企業が増えれば、時間をかけながら、どんどん付け加えていきましょう。鰻の秘伝のたれのように、時間をかければかけるほど、みなさんのデータベースは厚みを増

（4）「株主プロ」（http://www.kabupro.jp/）は過去の決算資料を探すのに便利なサイトです。

ファーストリテイリング	2007年8月期	2008年8月期	2009年8月期	2010年8月期	2011年8月期	2012年8月期
売上高(売上収益)	525,203	586,451	685,043	814,811	820,349	928,669
営業利益	64,963	87,493	108,639	132,378	116,365	126,450
営業利益率	12.37%	14.92%	15.86%	16.25%	14.18%	13.62%
当期純利益	31,775	43,529	49,797	61,681	54,354	71,654
株主資本	240,144	261,968	259,639	285,439	315,241	387,500
総資産	359,770	404,720	404,720	507,287	533,777	595,102
ROE		17.34%	19.09%	22.63%	18.10%	20.39%
株主資本比率	66.75%	64.73%	64.15%	56.27%	59.06%	65.11%

セブン&アイ・ホールディングス	2008年2月期	2009年2月期	2010年2月期	2011年2月期	2012年2月期	2013年2月期
売上高(売上収益)	5,752,392	5,649,948	5,111,297	5,119,739	4,786,344	4,991,642
営業利益	281,088	281,865	226,666	243,346	292,060	295,685
営業利益率	4.89%	4.99%	4.43%	4.75%	6.10%	5.92%
当期純利益	130,657	92,336	44,875	111,961	129,837	138,064
株主資本	1,985,018	1,785,580	1,722,689	1,703,496	1,767,206	1,892,702
総資産	3,886,680	3,727,060	3,673,605	3,732,111	3,889,358	4,262,397
ROE		4.90%	2.56%	6.54%	7.48%	7.54%
株主資本比率	51.07%	47.91%	46.89%	45.64%	45.44%	44.40%

ニトリホールディングス	2008年2月期	2009年2月期	2010年2月期	2011年2月期	2012年2月期	2013年2月期
売上高(売上収益)	217,229	244,053	286,186	314,291	331,016	348,789
営業利益	26,095	33,096	46,456	52,665	57,951	61,550
営業利益率	12.01%	13.56%	16.23%	16.76%	17.51%	17.65%
当期純利益	15,464	18,353	23,838	30,822	33,548	35,811
株主資本	98,539	114,378	134,164	146,038	174,949	209,728
総資産	179,614	196,607	218,386	246,187	267,153	284,290
ROE		17.24%	19.18%	22.00%	20.90%	18.62%
株主資本比率	54.86%	58.18%	61.43%	59.32%	65.49%	73.77%

イオン	2008年2月期	2009年2月期	2010年2月期	2011年2月期	2012年2月期	2013年2月期
売上高(売上収益)	5,167,366	5,230,786	5,054,394	5,096,569	5,206,132	5,685,303
営業利益	156,040	124,373	130,193	172,360	195,690	190,626
営業利益率	3.02%	2.38%	2.58%	3.38%	3.76%	3.35%
当期純利益	43,932	-2,760	31,123	59,688	66,750	74,511
株主資本	882,086	837,495	841,454	888,490	937,051	1,034,101
総資産	3,534,346	3,741,447	3,785,288	3,774,628	4,048,937	5,724,835
ROE		-0.32%	3.71%	6.90%	7.31%	7.56%
株主資本比率	24.96%	22.38%	22.23%	23.54%	23.14%	18.06%

パン・パシフィック・インターナショナルHLD	2008年6月期	2009年6月期	2010年6月期	2011年6月期	2012年6月期	2013年6月期
売上高(売上収益)	404,924	480,856	487,571	507,661	540,255	568,377
営業利益	15,981	17,172	21,067	25,336	29,320	32,369
営業利益率	3.95%	3.57%	4.32%	4.99%	5.43%	5.69%
当期純利益	9,303	8,554	10,238	12,663	19,845	21,141
株主資本	82,937	88,840	105,317	123,605	143,195	166,344
総資産	276,288	297,527	302,029	341,300	362,651	386,622
ROE		9.96%	10.55%	11.06%	14.88%	13.66%
株主資本比率	30.02%	29.86%	34.87%	36.22%	39.49%	43.02%

ファミリーマート	2008年2月期	2009年2月期	2010年2月期	2011年2月期	2012年2月期	2013年2月期
売上高(売上収益)	319,439	287,342	278,175	319,889	329,218	334,087
営業利益	31,214	36,532	33,530	38,223	42,586	43,310
営業利益率	9.77%	12.71%	12.05%	11.95%	12.94%	12.96%
当期純利益	16,438	16,451	15,102	18,023	16,584	25,020
株主資本	183,237	190,755	199,823	209,566	218,260	238,803
総資産	351,271	398,125	424,209	436,034	472,822	526,758
ROE		8.80%	7.73%	8.80%	7.75%	10.95%
株主資本比率	52.16%	47.91%	47.10%	48.06%	46.16%	45.33%

2013年8月期	2014年8月期	2015年8月期	2016年8月期	2017年8月期	2018年8月期	2019年8月期	直近過去3年平均
1,143,003	1,382,935	1,681,781	1,786,473	1,861,917	2,310,060	2,290,548	
132,920	130,402	164,463	127,292	176,414	236,212	257,636	
11.63%	9.43%	9.78%	7.13%	9.47%	10.23%	11.25%	
90,377	74,546	110,027	54,074	119,280	154,811	162,578	
560,567	618,381	750,937	547,501	731,770	862,936	938,621	
885,800	992,307	1,163,706	1,238,119	1,388,486	1,953,466	2,010,558	
19.07%	12.65%	16.07%	8.33%	18.65%	19.42%	18.05%	17.24%
63.28%	62.32%	64.53%	44.22%	52.70%	44.17%	46.68%	47.33%

2014年2月期	2015年2月期	2016年2月期	2017年2月期	2018年2月期	2019年2月期	2020年2月期	
5,631,820	6,038,948	6,045,704	5,835,689	6,037,815	6,791,215	6,644,359	
339,659	343,331	352,320	364,573	391,657	411,596	424,266	
6.03%	5.69%	5.83%	6.25%	6.49%	6.06%	6.39%	
175,691	172,979	160,930	96,750	181,150	203,004	218,185	
2,097,691	2,302,090	2,375,270	2,338,652	2,429,888	2,524,201	2,601,927	
4,811,380	5,234,705	5,441,691	5,508,888	5,494,950	5,795,065	5,996,887	
8.81%	7.86%	6.88%	4.10%	7.60%	8.20%	8.51%	7.97%
43.60%	43.98%	43.65%	42.45%	44.22%	43.56%	43.39%	43.71%

2014年2月期	2015年2月期	2016年2月期	2017年2月期	2018年2月期	2019年2月期	2020年2月期	
387,605	417,285	458,140	512,958	572,060	608,131	642,273	
63,073	66,307	73,039	85,776	93,378	100,779	107,478	
16.27%	15.89%	15.94%	16.72%	16.32%	16.57%	16.73%	
38,425	41,450	46,969	59,999	64,219	68,180	71,395	
247,858	310,465	330,870	394,634	441,668	498,240	560,042	
321,703	404,793	414,541	487,814	550,507	619,286	683,247	
16.79%	14.85%	14.65%	16.54%	15.36%	14.51%	13.49%	13.59%
77.05%	76.70%	79.82%	80.90%	80.23%	80.45%	81.97%	80.95%

2014年2月期	2015年2月期	2016年2月期	2017年2月期	2018年2月期	2019年2月期	2020年2月期	
6,395,142	7,078,577	8,176,732	8,210,145	8,390,012	8,518,215	8,604,207	
171,432	141,368	176,977	184,739	210,273	212,256	215,530	
2.68%	2.00%	2.16%	2.25%	2.51%	2.49%	2.50%	
45,600	42,069	6,008	11,255	24,522	23,637	26,838	
1,121,767	1,208,217	1,143,774	1,133,201	1,153,483	1,095,596	1,066,222	
6,815,241	7,859,803	8,225,874	8,750,856	9,452,756	10,045,380	11,062,685	
4.23%	3.61%	0.51%	0.99%	2.14%	2.10%	2.48%	2.26%
16.46%	15.37%	13.90%	12.95%	12.20%	10.91%	9.64%	10.85%

2014年6月期	2015年6月期	2016年6月期	2017年6月期	2018年6月期	2019年6月期	2020年6月期	
612,424	683,981	759,592	828,798	941,508	1,328,874	1,681,947	
34,292	39,103	43,185	46,185	51,568	63,110	75,997	
5.60%	5.72%	5.69%	5.57%	5.48%	4.75%	4.52%	
21,471	23,148	24,938	33,082	36,405	48,253	50,303	
187,345	212,354	231,551	259,151	290,708	329,083	373,774	
432,135	505,666	560,568	642,868	806,778	1,282,100	1,298,948	
12.14%	11.58%	11.24%	13.48%	13.24%	15.57%	14.31%	13.58%
43.35%	41.99%	41.31%	40.31%	36.03%	25.67%	28.78%	29.33%

2014年2月期	2015年2月期	2016年2月期	2017年2月期	2018年2月期	2019年2月期	2020年2月期	直近過去3年平均
345,603	374,430	427,676	843,815	1,275,300	617,174	517,060	
43,107	40,417	48,734	55,670	66,250	51,553	64,547	
12.47%	10.79%	11.40%	6.60%	5.19%	8.35%	12.40%	
22,611	25,672	21,067	28,347	43,180	45,370	43,529	
255,008	272,661	283,564	517,843	543,234	568,762	586,933	
588,136	666,244	730,295	1,667,074	1,732,506	1,372,117	1,976,116	
9.16%	9.73%	7.57%	7.07%	8.14%	8.16%	7.53%	7.77%
43.36%	40.93%	38.83%	31.06%	31.36%	41.45%	29.70%	33.44%

MonotaRO	2007年12月期	2008年12月期	2009年12月期	2010年12月期	2011年12月期	2012年12月期
売上高（売上収益）	10,897	14,068	14,209	17,685	22,239	28,742
営業利益	480	1,168	910	1,307	2,009	2,925
営業利益率	4.40%	8.30%	6.40%	7.39%	9.03%	10.18%
当期純利益	461	1,120	495	752	1,148	1,689
株主資本	3,070	4,191	2,878	3,257	4,228	5,558
総資産	4,686	6,231	5,929	6,723	9,047	11,265
ROE		30.85%	14.00%	24.51%	30.68%	34.52%
株主資本比率	65.51%	67.26%	48.55%	48.44%	46.73%	49.34%

ウエルシアホールディングス		2009年8月期	2010年8月期	2011年8月期	2012年8月期	2013年8月期
売上高（売上収益）		198,928	238,752	270,816	293,378	334,393
営業利益		5,484	7,672	10,864	11,488	12,607
営業利益率		2.76%	3.21%	4.01%	3.92%	3.77%
当期純利益		2,154	3,524	4,544	5,899	7,669
株主資本		25,997	32,222	36,186	41,385	48,376
総資産		86,867	100,462	106,271	110,960	139,399
ROE			12.11%	13.28%	15.21%	17.09%
株主資本比率		29.93%	32.07%	34.05%	37.30%	34.70%

ワークマン	2008年3月期	2009年3月期	2010年3月期	2011年3月期	2012年3月期	2013年3月期
売上高（売上収益）	34,314	34,811	33,319	37,010	43,971	45,057
営業利益	4,405	3,896	3,561	4,476	6,883	7,394
営業利益率	12.84%	11.19%	10.69%	12.09%	15.65%	16.41%
当期純利益	2,962	2,710	2,482	2,742	4,403	5,044
株主資本	22,879	24,770	26,498	28,486	32,073	35,791
総資産	30,640	32,157	34,012	37,969	43,482	47,176
ROE		11.37%	9.68%	9.97%	14.54%	14.86%
株主資本比率	74.67%	77.03%	77.91%	75.02%	73.76%	75.87%

コスモス薬品	2008年5月期	2009年5月期	2010年5月期	2011年5月期	2012年5月期	2013年5月期
売上高（売上収益）	148,244	177,756	205,387	237,174	279,021	329,313
営業利益	3,505	5,438	7,741	10,039	13,329	15,529
営業利益率	2.36%	3.06%	3.77%	4.23%	4.78%	4.72%
当期純利益	2,173	2,841	4,712	5,737	7,737	9,396
株主資本	17,351	19,993	24,409	29,691	36,380	44,950
総資産	54,030	64,894	73,589	83,984	99,469	115,544
ROE		15.22%	21.22%	21.21%	23.42%	23.11%
株主資本比率	32.11%	30.81%	33.17%	35.35%	36.57%	38.90%

し、検証できる銘柄数も増えてきます。

スクリーニング時の5つのチェックポイント

　スクリーニングに入る前に、対象とする企業の条件を確認しておきます。それは非常にシンプルです。

「**10年以上の業績が確認できる企業**」という条件だけです。

2013年12月期	2014年12月期	2015年12月期	2016年12月期	2017年12月期	2018年12月期	2019年12月期	直近過去3年平均
34,556	44,937	57,563	69,647	88,347	109,553	131,463	
3,885	4,323	7,087	9,493	11,837	13,790	15,839	
11.24%	9.62%	12.31%	13.63%	13.40%	12.59%	12.05%	
2,289	2,544	4,439	6,368	8,464	9,515	10,984	
7,356	9,216	12,633	17,074	23,119	29,606	37,096	
14,505	17,868	28,744	36,353	42,861	50,706	59,691	
35.45%	30.70%	40.63%	42.87%	42.12%	36.09%	32.93%	32.25%
50.71%	51.58%	43.95%	46.97%	53.94%	58.39%	62.15%	58.61%

2014年8月期	2015年2月期	2016年2月期	2017年2月期	2018年2月期	2019年2月期	2020年2月期	
360,797	191,991	528,402	623,163	695,268	779,148	868,280	
14,207	5,999	18,759	24,078	28,826	29,045	37,801	
3.94%	3.12%	3.55%	3.86%	4.15%	3.73%	4.35%	
7,835	3,596	9,527	14,451	17,166	17,423	22,802	
68,528	74,046	103,771	116,227	129,732	143,287	161,925	
165,355	165,828	227,005	247,026	292,238	327,426	390,006	
13.40%	5.04%	10.72%	13.14%	13.96%	12.76%	14.94%	13.20%
41.44%	44.65%	45.71%	47.05%	44.39%	43.76%	41.52%	43.08%

2014年3月期	2015年3月期	2016年3月期	2017年3月期	2018年3月期	2019年3月期	2020年3月期	
48,137	48,426	49,577	52,077	56,083	66,969	92,307	
8,387	8,339	8,807	9,553	10,603	13,526	19,170	
17.42%	17.22%	17.76%	18.34%	18.91%	20.20%	20.77%	
5,586	5,876	6,233	7,142	7,844	9,809	13,369	
39,853	44,044	48,418	53,755	59,379	66,927	77,503	
52,994	56,848	61,070	68,763	73,246	83,183	97,522	
14.77%	14.01%	13.48%	13.98%	13.87%	15.53%	18.51%	15.22%
75.20%	77.48%	79.28%	78.17%	81.07%	80.46%	79.47%	80.26%

2014年5月期	2015年5月期	2016年5月期	2017年5月期	2018年5月期	2019年5月期	2020年5月期	
371,825	408,466	447,273	502,732	557,999	611,137	684,403	
16,707	17,080	18,648	22,237	22,749	24,775	29,094	
4.49%	4.18%	4.17%	4.42%	4.08%	4.05%	4.25%	
10,600	11,694	12,435	18,215	17,633	19,185	21,435	
54,399	65,055	76,179	93,053	108,888	126,289	145,675	
142,700	168,918	202,595	225,691	250,609	273,561	320,283	
21.34%	19.58%	17.61%	21.53%	17.46%	16.32%	15.76%	15.30%
38.12%	38.51%	37.60%	41.23%	43.45%	46.16%	45.48%	45.10%

　なぜ10年以上かというと、10年程度の期間があれば、通常の景気の1サイクルが入っているでしょうし、できればコロナショック以前の未曽有の危機であったリーマンショック時の業績も確認しておきたいからです。

　「スクリーニング時にバリュエーションは基準としないのか」という意見もあるかもしれません。そして、バリュエーションをとくに気にする人、いわゆる「バリュー株投資家」はバリュエーションをスクリーニングの基準に入れるかもしれませんが、私は好みません。

　バリュエーションを基準にしてしまうと、PERやPBRが高い銘柄（たと

えば米国アマゾンやキーエンスといった長期で大きく成長してきた銘柄)は、いつまでたっても出てきません。また、一時的に利益が落ち込んで、今後、収益が回復する可能性のある企業などは、PERの基準から漏れてしまいます。バリュエーションを基準に入れないのは、スクリーニングの段階で、その可能性を摘みたくないからです。

さて、先ほど見てきたデータベースをもとに、スクリーニングをしていきます。以下の5つの条件をもとに銘柄を探し出してみましょう。

〈スクリーニングの5つのチェックポイント〉

①リーマンショック時の決算の当期純利益が赤字ではない

②過去5年間、当期純利益が赤字ではない

③ROEが過去3年間の平均で12%程度あるか

④過去3年の株主資本比率の平均が50%以上か

⑤5年前よりも直近決算の当期純利益が大きいかどうか

【チェック1】リーマンショック時の決算の当期純利益が赤字ではない

業績のストレス耐性のチェックをします。

リーマンショックでは、景気の悪化によってグローバルのさまざまな需要が落ち込み、また為替レートが大きく円高に振れたこともあって、輸出業を中心に業績は大きく悪化しました。

今回のデータベースでスクリーニングする際には2008年度の決算、ここでは2009年2、3、5、6、8、12月期の決算がチェックポイントになります。

今回の10銘柄では、小売業を中心に取り上げたので、当期純利益で赤字はほとんどありませんが、イオンが赤字になっています。

そこで、イオンは精査するリストから外します。今後、リーマンショックのような有事、つまりパニック的なイベントが起き、似たような状況に追い込まれたら、会社が収益体質も含めて耐えうるかというストレスチェックをしたわけです。

【チェック2】過去5年間、当期純利益が赤字ではない

　直近5年間に当期純利益を計上し、株主資本を積み上げられたかをチェックします。

　リーマンショックのような状況で、赤字企業が出てくるのは仕方ありませんが、アベノミクスで比較的経済環境が良好だった平時に、当期純損失を出して赤字に陥る企業は、長期的に株主資本を積み上げていくという観点からは心もとないです。

　今回、スクリーニングに残った企業で外れる銘柄はありませんでした。内需型でビジネスモデルが確立した企業が多いのが背景にありそうです。

【チェック3】ROEが過去3年間の平均で12%程度あるか

　ここでは株主資本の効率のチェックをします。

　本書では何度も取り上げていますが、長期投資を目指すのであれば、過去3年の平均でROEは12%くらい欲しいところです。

【チェック4】過去3年の株主資本比率の平均が50%以上か

　次いで、財務体質のチェックをします。

　株式市場では、財務レバレッジを高めにしてROEの水準を引き上げるような企業を好みますが、そうした場合、財務体質の悪化は避けられません。

　一方、財務レバレッジを低めにしてROEを高くするというのは難易度の高い経営ですが、そうしたことができている企業を探し出すのはスクリーニングの醍醐味といえます。

　財務体質がよい企業は、先ほど見たリーマンショックのような危機的状況や、今回のようなコロナショックの状況などでも、企業としての生存確率を高めることができます。長期投資を決め込むのであれば、財務体質がよいほうが安心感があります。

　ここまでクリアしたのは、ニトリホールディングス、MonotaRO、ワーク

マンのわずかに3社です。

　もっとも、ファーストリテイリングやウエルシアホールディングス、コスモス薬品も50％近いので、より多くの銘柄数を投資候補に残しておきたければ、次のステップに持ち込んでもよいでしょう。

【チェック5】5年前よりも直近決算の当期純利益が大きいかどうか

　ここでは、長期で業績が成長しているのかをチェックします。

　企業の経営環境は目まぐるしく変わります。したがって、単年度で評価しても、必ずしも会社の成長を実感できるものではありません。成長している途中で、減益の年度があるかもしれないからです。そこで、5年前と比べて当期純利益で成長しているかどうかを調べます。

　チェック4をクリアした銘柄を見ると、いずれの企業も5年前と比較して利益成長をしています。

　5つのステップで残ったのは、ニトリホールディングス、MonotaRO、ワークマンのわずかに3社になります。

　このように抽出した銘柄は、投資家から見ると、いわゆる「いい会社」に違いありませんが、投資するかどうかは「お値段次第」です。それを測るのがバリュエーションになります。

【おまけ】営業利益率は高ければ高いほうがいいが

　営業利益率をスクリーニングの条件に入れていませんが、営業利益率は高いのに越したことはありません。ここまで見たように、営業利益率が高ければ、何か特殊なビジネスモデルがある企業だということで、調査のきっかけにもなります。

　ただし、業種によって営業利益率に差があります。営業利益率がすでに十分に高い業種の場合には、利益率の面ではアップサイドが限定的かもしれません。そうした意味で、今回はスクリーニングの基準には入れてはいませんが、ここまで見てきたプロセスを経て浮かび上がってきた銘柄の営業利益率

を見てみると、いずれの企業も小売業でありながら営業利益率は 10 ％を超えています。ワークマンは 20 ％を超えています。

スクリーニング後のバリュエーションに必要なもの

スクリーニング後の銘柄が買い頃なのかを見極めるために、投資判断の最後のチェックポイント、「バリュエーション」に入ります。

ここで大事なのが、**業績予想をしなくてもよい**ということです。「あるものを使う」というのが本書のコンセプトです。

バリュエーションは、一般的には、独自に予想した業績予想をもとに行われますが、みなさんに必要なものは、「**会社による業績予想**」か、証券アナリストの予想の平均値である「**コンセンサス**」、そして「**現在の株価**」だけです。

会社による業績予想は「決算短信」に記載されています。証券アナリストのコンセンサスはインターネット証券に口座を開設すれば無料で使えます。

また、証券アナリストは、「自分の予想が会社の予想よりも高いのか、低いのか」というところに気を使います。証券アナリストにとって、自分の予想が会社と異なることや、ほかのアナリストと異なることが付加価値になります。

ただし、個人投資家の場合には、そこを気にするのではなく、まず会社の予想がある場合には、それをメインで使いましょう。会社予想がない場合には、コンセンサスを使うようにします。

ここでは、先ほども見たニトリホールディングスを例に取り上げます。

次ページがニトリの 2020 年 2 月期の第 1 四半期の決算短信の表紙⁽⁵⁾です。注目してもらいたいのが、表紙の一番下にある「**連結業績予想**」です。これ

（5）https://www.nitorihd.co.jp/news/items/HP_2021_1Q_tanshin.pdf

2021年2月期　第1四半期決算短信〔日本基準〕（連結）

2020年6月25日

| 上 場 会 社 名 | 株式会社ニトリホールディングス | 上場取引所　東・札 |

コ ー ド 番 号　　9843　URL https://www.nitorihd.co.jp/

| 代　表　者 | （役職名） | 代表取締役社長 兼最高執行責任者（COO） | （氏名）　白井　俊之 |

問合せ先責任者　（役職名）　財務経理部ゼネラルマネジャー　（氏名）　善治　正臣　（TEL）03-6741-1204

四半期報告書提出予定日　　2020年6月30日　　配当支払開始予定日　　　－

四半期決算補足説明資料作成の有無　　：有

四半期決算説明会開催の有無　　　　　：有　（　機関投資家・アナリスト向け　　　　　）

（百万円未満切捨て）

1．2021年2月期第1四半期の連結業績（2020年2月21日～2020年5月20日）

（1）連結経営成績（累計）　　　　　　　　　　　　　　　　（％表示は、対前年同四半期増減率）

	売上高		営業利益		経常利益		親会社株主に帰属する四半期純利益	
	百万円	％	百万円	％	百万円	％	百万円	％
2021年2月期第1四半期	173,780	3.9	37,216	22.3	37,361	21.6	25,519	25.4
2020年2月期第1四半期	167,332	6.1	30,431	0.0	30,722	0.1	20,348	3.2

（注）包括利益　2021年2月期第1四半期　28,011百万円（　34.4％）2020年2月期第1四半期　20,847百万円（　8.4％）

	1株当たり四半期純利益	潜在株式調整後1株当たり四半期純利益
	円　銭	円　銭
2021年2月期第1四半期	226.73	226.42
2020年2月期第1四半期	181.24	180.81

（2）連結財政状態

	総資産	純資産	自己資本比率
	百万円	百万円	％
2021年2月期第1四半期	696,196	584,689	84.0
2020年2月期	683,247	560,861	82.0

（参考）自己資本　2021年2月期第1四半期　584,508百万円　2020年2月期　560,571百万円

2．配当の状況

	年間配当金				
	第1四半期末	第2四半期末	第3四半期末	期末	合計
	円　銭	円　銭	円　銭	円　銭	円　銭
2020年2月期	－	54.00	－	54.00	108.00
2021年2月期	－				
2021年2月期（予想）		57.00	－	58.00	115.00

（注）直近に公表されている配当予想からの修正の有無　　　　：無

3．2021年2月期の連結業績予想（2020年2月21日～2021年2月20日）

（％表示は、通期は対前期、四半期は対前年同四半期増減率）

	売上高		営業利益		経常利益		親会社株主に帰属する当期純利益		1株当たり当期純利益
	百万円	％	百万円	％	百万円	％	百万円	％	円　銭
第2四半期（累計）	318,900	△0.8	57,700	3.8	57,900	2.4	39,100	6.1	347.07
通期	653,200	1.7	112,200	4.4	113,300	3.4	75,700	6.0	671.96

（注）直近に公表されている業績予想からの修正の有無　　　　：無

が、会社が発表した上期と通期の業績予想です。前回の業績予想と変更がなければ、注にあるように「直近に発表されている業績予想からの修正の有無」

に「無」と記載され、変更があれば「有」となります。

　会社が発表しているものなので、大半が慎重に予想をした数字になっています。もっとも、必ずしもすべての企業がそうではないので、注意する必要がありますが、世の中にある予想の中で、どの予想を前提に考えるかといわれれば、会社の見通しでいいのではないでしょうか。

　バリュエーションでは、この数字をもとに進めていきます。

個人投資家にもできる簡単バリュエーション

　バリュエーションを確認するときもスプレッドシートを活用します。最終的に次ページのようなシートをつくっていきます[6]。

　ここで必要な情報源は、**決算短信**、**有価証券報告書**、そして**現在の株価**だけです。それでは一つずつバリュエーションを確認するための準備をしていきましょう。

【ステップ1】決算情報の入力

　決算短信を使って、以下の過去データを整理します。

・当期純利益（A）
・株主資本等（純資産から非支配株主持分〈少数株主持分〉を控除したもの。
　面倒であれば、純資産でも株主資本でも可）（B）
・発行済株式総数（C）
・自己株式数（D）

　まずは、これらを入力します。そして自己株式控除後の発行済株式総数を

（6）https://www.diamond.co.jp/go/pb/kabusp.html にスプレッドシートがあります。

ニトリホールディングス

	2009年2月期 実績	2010年2月期 実績	2011年2月期 実績	2012年2月期 実績	2013年2月期 実績
【決算短信を見て入力】					
当期純利益(A)、百万円	18,353	23,838	30,822	33,548	35,811
株主資本等(B)、百万円	114,378	134,164	146,038	174,949	209,728
発行済株式総数 (C)※株式分割調整後	114,443,496	114,443,496	114,443,496	114,443,496	114,443,496
自己株数(D)※株式分割調整後	41,106	702,548	4,851,846	4,790,798	4,776,616
自己株控除後発行済株式総数 (E)=(C)-(D)	114,402,390	113,740,948	109,591,650	109,652,698	109,666,880
【有価証券報告書を見て株価を入力】					
株価高値(F)	3,815	3,980	4,040	4,000	4,140
株価安値(G)	2,375	2,375	3,155	3,030	2,905
現在株価(H)	---	---	---	---	---
【1株当たり指標の計算式】					
EPS(I)=(A/E)	321	209	276	306	327
BPS(J)=(B/E)	2,000	1,176	1,308	1,596	1,913
【バリュエーションの計算式】					
PER高値(F/I)	11.9	19.0	14.6	13.1	12.7
PER安値(G/I)	7.4	11.4	11.4	9.9	8.9
PER現値(H/I)	---	---	---	---	---
PBR高値(F/J)	1.9	3.4	3.1	2.5	2.2
PBR安値(G/J)	1.2	2.0	2.4	1.9	1.5
PBR現値(H/J)	---	---	---	---	---
ROE（A/Bの前年度と当年度の平均）	32.1%	19.2%	22.0%	20.9%	18.6%

算出します（E）。

　自己株式というのは、会社が保有する自社の株式のことです。以下のように、各決算時点での株式数が決算短信に記載されています[7]。

(4) 発行済株式数（普通株式）				
① 期末発行済株式数（自己株式を含む）	20212月期1Q	11,444,396株	2020年2月期	1114,443,496株
② 期末自己株式数	20212月期1Q	1,787,317株	2020年2月期	1,975,782株
③ 期末平均株式数（四半期累計）	20212月期1Q	112,552,732株	2020年2月期1Q	112,270,194株

　発行済株式総数や自己株式数は、株式分割などによって変わっている場合もありますが、そうしたときには分割比率で調整します。

　最新年度については、当期純利益は会社予想の数字を入力します。

　また、最新年度の株主資本等は次の式のように算出します。

（7）https://www.nitorihd.co.jp/news/items/HP_2021_1Q_tanshin.pdf　p.2

2014年2月期 実績	2015年2月期 実績	2016年2月期 実績	2017年2月期 実績	2018年2月期 実績	2019年2月期 実績	2020年2月期 実績	2021年2月期 会社予想
38,425	41,450	46,969	59,999	64,219	68,180	71,395	75,700
247,858	310,465	330,870	394,634	441,668	500,192	560,861	623,606
114,443,496	114,443,496	114,443,496	114,443,496	114,443,496	114,443,496	114,443,496	114,443,496
4,562,866	4,213,630	3,854,468	2,931,758	2,485,358	2,221,818	1,975,782	1,787,317
109,880,630	110,229,866	110,589,028	111,511,738	111,958,138	112,221,678	112,467,714	112,656,179
5,375	7,610	11,850	13,630	18,770	19,850	17,720	23,455
3,380	4,185	7,580	8,170	12,220	13,330	12,260	12,725
---	---	---	---	---	---	---	23,010
350	377	425	540	575	608	635	673
2,258	2,821	2,997	3,554	3,953	4,462	4,992	5,535
15.4	20.2	27.9	25.2	32.7	32.6	27.9	34.9
9.7	11.1	17.8	15.1	21.3	21.9	19.3	18.9
---	---	---	---	---	---	---	34.2
2.4	2.7	4.0	3.8	4.7	4.4	3.5	4.2
1.5	1.5	2.5	2.3	3.1	3.0	2.5	2.3
---	---	---	---	---	---	---	4.2
16.8%	14.8%	14.6%	16.5%	15.4%	14.5%	13.5%	12.8%

最新年度の株主資本等＝

　　前年度の株主資本等＋新年度の会社予想の当期純利益

　　－１株当たり配当※×自己株式控除後発行済株式総数

（※配当は「配当の状況」で予想されている年間配当金を使います）

【ステップ2】株価入力

　続いて、有価証券報告書を使って過去の株価推移を見ていきます。

　有価証券報告書には、過去の年度ごとの高値と安値が記載されています(8)(次ページ参照)。有価証券報告書の過去分をさかのぼれば、長期の高値と安値を入手することができます。

　そして最新の年度については、ここまでの高値と安値、そして現在の株価を記載します。「Yahoo! ファイナンス」で各銘柄の「時系列」を追っていくことで、最新年度の高値と安値も把握できます。

（8）https://www.nitorihd.co.jp/news/items/202002_NITORI_houkoku.pdf　p.3

EDINET提出書類
株式会社ニトリホールディングス(E03144)
有価証券報告書

(2) 提出会社の経営指標等

回次		第44期	第45期	第46期	第47期	第48期
決算年月		2016年2月	2017年2月	2018年2月	2019年2月	2020年2月
売上高	（百万円）	70,561	70,982	89,556	87,071	30,411
経常利益	（百万円）	50,292	50,688	67,643	65,032	9,945
当期純利益	（百万円）	45,230	46,116	64,696	56,788	3,771
資本金	（百万円）	13,370	13,370	13,370	13,370	13,370
発行済株式総数	（株）	114,443,496	114,443,496	114,443,496	114,443,496	114,443,496
純資産	（百万円）	271,065	313,343	369,490	416,955	414,852
総資産	（百万円）	287,845	332,023	396,386	441,827	438,713
1株当たり純資産	（円）	2,431.29	2,794.94	3,289.38	3,708.07	3,675.62
1株当たり配当額 （うち、1株当たり中間 配当額）	（円）	65.00 (30.00)	82.00 (35.00)	92.00 (45.00)	97.00 (47.00)	108.00 (54.00)
1株当たり当期純利益	（円）	407.79	414.72	577.85	505.98	33.55
潜在株式調整後 1株当たり当期純利益	（円）	404.26	411.12	574.98	504.30	33.47
自己資本比率	（％）	93.8	94.1	93.0	94.3	94.5
自己資本利益率	（％）	18.1	15.8	19.0	14.5	0.9
株価収益率	（倍）	20.26	29.54	30.50	27.77	493.63
配当性向	（％）	15.9	19.8	15.9	19.2	321.9
従業員数 （外、平均臨時雇用者数）	（人）	291 (18)	275 (38)	292 (37)	347 (51)	558 (73)
株主総利回り (比較指標：配当込みTOPIX)	（％）	109.5 (87.8)	163.1 (107.5)	235.1 (125.0)	189.3 (117.0)	223.7 (124.5)
最高株価	（円）	11,850	13,630	18,770	19,850	17,720
最低株価	（円）	7,580	8,170	12,220	13,330	12,260

（注）　1．売上高には消費税等は含まれておりません。
　　　　2．第45期の1株当たり配当額には、30期連続増収増益記念配当2円を含んでおります。
　　　　3．「税効果会計に係る会計基準」の一部改正」（企業会計基準第28号 2018年2月16日）等を当事業年度の期
　　　　　首から適用しており、前事業年度に係る主要な経営指標等については、当該会計基準等を遡って適用した後
　　　　　の指標等となっております。
　　　　4．最高株価及び最低株価は、東京証券取引所市場第一部におけるものであります。

【ステップ3】1株当たり指標の計算式

これまで入力したデータから自己株式控除後のEPSとBPSを算出します。

EPS は当期純利益を自己株式控除後発行済株式総数で割ります。BPS は同様に株主資本等を自己株式控除後発行済株式総数で割ります。厳密にやるなら、株式総数の期末ごとの数字の平均を使います。面倒であれば、期末の数字でもかまいません。

【ステップ 4】バリュエーションの計算式

最後に、ここまで算出してきたデータをもとに、バリュエーションを算出します。PER と PBR について、高値と安値をもとに算出します。また、最新年度については、高値と安値とともに、現在の株価を入力し、現在のバリュエーションを知ります。

また、ROE 自体はバリュエーションそのものではありませんが、ここまで何度も見てきたように、PBR と PER の関係を示すためには欠かせない指標です。併せて計算しておきます。

【ステップ 5】バリュエーションを行う

さて、ここではニトリを例に、過去のデータからバリュエーションを行ってみましょう。

ただし、株価はご存じのように、時々刻々と変わります。したがって、あくまで今回は考え方を把握するという理解でお願いします。

さて、まず PER から見ていきましょう。

現在（原稿執筆時点）の株価におけるバリュエーションを見ると、PER は約 34 倍と、過去の高値水準の PER となっており、これ以上 PER が拡大するのは難しいというのが第一印象でしょう。

もっとも、利益成長率の拡大期待が生じれば、さらなる PER の拡大も期待できますが、この本では未来を予想しないというのが前提にあるので、そこは期待しないことにします。あくまでも、「今の利益成長率への期待では、PER が拡大する可能性は低い」と割り切りましょう。

続いて、PBR はどうでしょうか。

PBR は 4.2 倍ということで、過去の PBR の水準と比べると、比較的高い水準にはありますが、過去には現状よりもさらに高い水準（4.7 倍）があったのも事実で、PBR のマルチプルのアップサイド（上昇の余地）を期待することは可能です。

　では、どうなれば、PBR は切り上がって、株価も上昇することになるのでしょうか。

　ここで思い出していただきたいのが、以下の関係式です。

$$PBR = PER \times ROE$$

　PER のアップサイドが期待できないとすると（大きく動かないとすると）、PBR が上昇するためには、ROE が上昇する必要があります。

　では、ニトリの ROE はどうかというと、最新年度の ROE は 12.8％と、過去の水準に比べて低下傾向にあります。

　ただ、これも株主への還元施策、たとえば増配するとか、自己株式を買い入れるなどの施策を行えば、再び改善させることは可能なので、そうした点に注意をしながら同社をウォッチすれば、バリュエーションとしてアップサイドがないというわけではありません。

　PER の水準が切り上がらなくても、ROE の改善傾向が続けば、PBR は切り上がってくると期待するのも、立派なバリュエーションの読み筋です。その際に、将来、ROE の改善期待とともに、PBR が拡大していけば、1 株当たりの純資産（BPS）に応じて株価が上昇することになります。

　また、うまくいけば、ROE が改善しながら、PER も過去のレンジを上振れることがあるかもしれません。その際には、株価上昇のペースは大きくなっていることでしょう。

業績予想はスルー、 バリュエーションは歴史を確認するだけ

　このように見てくると、個人投資家のみなさんが自分で会社の業績予想を必死に行わなくてもよいことがわかると思います。

　会社による業績予想を活用し（なければ証券アナリスト予想をネット証券から知る）、その業績予想に基づくバリュエーションをします。過去のレンジと比較して、今のバリュエーションの水準が歴史の中でどのような位置にあるのか、つまり株価が過去のレンジから高く評価されているのか、安く評価されているのかを確認することができます。

　一言でいえば、ありものを使って、「**未来を予想するのではなく、過去から今の水準を知る**」という作業です。これらが本書で扱う投資判断のプロセスになります。

　ただ、ここまでいっても、「成長株に過去のバリュエーションレンジなんて関係ないでしょう」と考える人がいるかもしれません。そこで、ここで取り上げたニトリについて、新型コロナウイルスによる株式市場のパニックでバリュエーションがどうだったのかを振り返って検証してみましょう。

　過去に成長実績がある銘柄は、バリュエーションも常に高めに評価されることが多いです。しかし、コロナショックで多くの銘柄が大きく売られる状況となり、ニトリのような長期に着実に成長してきた企業も例外ではありませんでした。バリュエーションでどの程度まで売られたのかについて見ていきましょう。

　コロナショックが本格化した 2020 年 3 月以降の PER でいえば、2021 年 2 月期では、安値ベースの PER で 19 倍と、過去 3 年の安値水準のバリュエーションまでいったん売られました。しかし、裏を返していえば、その水準までしか売られていないということになり、過去の水準を参考にすることができたといえます。

また、PBRについていえば、PBRは2.3倍まで売られることになりました。これは過去4年の安値水準のバリュエーションといえます。PBRはROEの水準とともに評価する必要がありますが、ここでも過去のPBRを参考に、どの水準で投資をするかの基準を自ら設定することができます。

　そして、ニトリの場合には、その後のリモートワーク、巣ごもり消費の影響で業績を大きく伸ばし、株価が大きく上昇し、同時にバリュエーションも以前の高値水準に回復したのは、多くの人が知るとおりです。

　株式市場がパニック的な状況になった際に「有望な銘柄を安く拾え」という声を耳にしますが、このように、過去のバリュエーション水準を活用すると投資判断の目安になります。「落ちてくるナイフは拾うな」という言葉もありますが、「落ちてくるナイフも頃合い次第」といえます。

　では、目標株価はどのように算出すればよいでしょうか。**市場がパニックになっているときには、当期純損失になりにくい会社の場合、PBRを基準とします**。「PBR＝株価÷PBS」を変形し、「**株価＝PBR × BPS**」を使用します。会社予想EPSや配当金を考慮した予想BPSと、過去のバリュエーションの推移から安値であると思われるPBRの倍数をかけ合わせて、目標株価を算出します。景気が悪ければ、会社予想どおりのEPSや配当は出ない可能性はありますが、底値のイメージはできるはずです。

　また、**平時であればPERを使う場面が多いです**。「PER＝株価÷EPS」を変形し、「**株価＝PER × EPS**」を使います。過去から「何倍であれば下値」「何倍であれば高値」というように見極めます。会社発表の予想EPSを参考にして、それぞれ買いと売りの目標株価を算出します。このように、株式市場が織り込むであろう水準を先回りして、自分の目標株価を持っておくのです。

　このように、バリュエーションの歴史を理解し、現在の位置づけを把握することで、投資における心理的安全性を確保することができます。こうしたアプローチは、心理的安全性を必要とする個人投資家にとって必要なのですが、意外に認識されていません。ここでぜひ、自分が自由に使えるツールとして確立してみましょう。

第 7 章

バフェットの
脱・上場株投資思想のワケ

『スノーボール』という伝記が意味するところ

　本書で触れてきた投資判断のアプローチは、世界で最も有名な投資家であるウォーレン・バフェットの投資と本質的には同じです。

　バフェットの投資の根底にあるのは、これまで何度も見てきた「**株主資本複利投資**」の考え方です。「投資における複利の重要性」と「その効果を享受するための時間を味方につける考え方」を掛け合わせたものです。

　株主資本をしっかりと積み上げることで、株価が上昇する銘柄が多くあるのはここまで見てきたとおりです。しかし、「世界を代表する投資家と個人投資家の投資が同じはずがない」という意見もあるでしょう。そこでここでは、バフェットの投資を吟味することで、私たちができる投資と何が一緒で、何が異なるのかについて解説していきたいと思います。

　さて、みなさんは『スノーボール』（日本経済新聞出版）というバフェット公認の伝記を読まれたことがあるでしょうか。バフェットの幼少期から世界を代表する投資家になるまでの軌跡とともに、バフェットがどのような投資判断をしてきたのか、また、どのような失敗をしてきたのかがわかる興味深い本です。バフェットの投資思想がわかる良書になっています。

　本の中には、「複利」というキーワードが何度も繰り返し出てきます。そこからも、バフェットの投資では、複利の考え方が重要だということがうかがえます。

　バフェットが同書の中で、「理想の会社とはどういうものですか」という株主の質問に対して、以下のように答える箇所があります。
「資本に対するリターンがきわめて高く、その高いリターンに見合うように資本をふんだんに使っている会社です。そうすれば複利製造マシーンになります。（中略）資本をこういうふうにずっと再投資できれば最高ですが、そんな会社は、ごく稀にしかありません。……ですから、そういった会社から

生まれた資本で別の会社を買うという手もあるわけですね[1]」

　このように複利で投下資本を大きく増やし、生み出された資本を活用して、さらによい会社を買収していくという流れが、これまでバークシャー・ハサウェイが長年にわたって成長してきた仕組みとなっています。

バークシャー・ハサウェイのポートフォリオを整理

　バフェットといえば、米国を中心とした上場株投資が日本人の間でも有名です。バークシャー・ハサウェイが投資をした銘柄は俗に「バフェット銘柄」などとも呼ばれます。

　しかし、バフェットが経営するバークシャー・ハサウェイの財務諸表を見ると、現在、上場株投資の割合はそれほど大きくないことがわかります。みなさんの印象はどの程度かわかりませんが、実際には、バークシャー・ハサウェイの総資産のうち上場株は3割程度にすぎません。

　バークシャー・ハサウェイの2019年のアニュアルレポートを見てみましょう[2]。総資産8177.29億ドル（1ドル106円換算で約87兆円）のうち、株式投資は2480.27億ドル（同約26兆円）で、比率にすれば30％です。

　また、新型コロナウイルス感染拡大後のバークシャー・ハサウェイの財務状況を知るために2020年6月末の資産状況を見ると[3]、総資産7881.33億ドルに対して、株式投資は2074.54億ドルとなり、株式投資の比率は26％程度になっています。

　資産全体の2～3割といっても、投資金額としては、1ドル106円換算で22兆円くらいあり、けっこう大きいわけですが、バークシャー全体の資産の比率を考えると、その程度に落ち着いてしまいます。

（1）ノリス・シュローダー『スノーボール（下）』（日経ビジネス人文庫）p.283
（2）https://www.berkshirehathaway.com/2019ar/2019ar.pdf　K-66
（3）https://www.berkshirehathaway.com/qtrly/2ndqtr20.pdf　p.2

ちなみに、日本を代表する生命保険会社として日本生命保険（ニッセイ）があります。ニッセイの総資産は 2018 年度では 68 兆円です。そのうち、日本株式が 8.4 兆円、外国証券の株式等で 4.9 兆円あります[4]。国内外の株式だけで見ると約 13 兆円で、総資産に占める割合としては約 2 割ということで、バークシャー・ハサウェイだけが特別に株式に投資をしているわけではありません。もっとも、バークシャー・ハサウェイの上場株式投資は特定銘柄に集中投資をするので、目立つといえます。

　このように、バークシャー・ハサウェイを経営するバフェットの目から見ると、現在では上場株投資は一部にすぎません。バークシャー・ハサウェイの資産全体を管理するバフェットの観点は、上場株投資以外の会社全体のマネジメントにより重きがあるといえるでしょう。それは、さまざまな会社全体を買収してバークシャー・ハサウェイに取り込んだ企業の管理です。

バークシャー・ハサウェイは会社自体がコングロマリット

　バークシャー・ハサウェイは厳選した企業への集中投資をしている印象があるかもしれませんが、先ほど触れたように会社の資産規模が大きくなることで、少数銘柄、少数企業に厳選投資ができるという状況でもありません。

　バークシャー・ハサウェイの事業ポートフォリオを見てみると、保険である金融事業、鉄道、電力・エネルギーといった公益事業、製造業、サービス業、小売業などを抱えるコングロマリットであることがわかります。そうした事業会社を多数抱えながら、先ほど見てきた上場株式に投資をしています。いいかえると、バークシャー・ハサウェイの株式に投資をすること自体が、幅広いセクターに分散投資をしていることを意味します。

　バークシャーから見ると、少数株主である上場株投資よりも、全株式を取

（4）https://www.nissay.co.jp/kaisha/annai/gyoseki/pdf/2019/disc2019_02.pdf　p.38

得して、企業の管理をするほうがより重要ということがいえるでしょう。

　そうした背景もあってか、バークシャー・ハサウェイはアニュアルレポートの中で企業を買収する6つの基準を開示しています。[5]

- 大型買収であること（税引前利益で少なくとも7500万ドルはないと、現在のバークシャー全体の事業規模にインパクトを与えない）
- 継続的な利益の実績があること（将来の計画や「再生案件」にも興味はない）
- 従業員は少なく、負債もなく、事業のROEが高いこと
- 経営者がちゃんと揃っていること（私たちはマネジメントを連れてくることはできない）
- 単純な事業であること（テクノロジーが大きく関与している事業だと、私たちは理解できない）
- 売却価格があること（価格が決まっていないときに、取引に関して、事前にでさえも話し合いをすることで、私たちや売り手の時間を無駄にしたいとは思わない）

　こうした買収に関する基準を見ていくと、バフェットは事業における利益の実績やROEの高さ、バランスシートの強固さ、経営者を重視していることがわかります。これらはそのまま、みなさんの株式投資で銘柄選択をする際の基準となりえるものです。

　バフェットがテクノロジー企業への投資を避けてきたことは上にもあるとおりですが、第4章でも見たように、バークシャー・ハサウェイの上場株式のポートフォリオを見ると、以前ではIBM、最近ではアップルへの投資をするようになっています。バークシャー・ハサウェイの中でどのような変節があったのかは気になるところです。

（5）https://www.berkshirehathaway.com/2017ar/2017ar.pdf　p.23

バークシャーがなぜ会社を丸ごと買収するのか

さて、なぜバフェットは上場株投資から会社全体を買収する投資に移っていたのでしょうか。この点については、いくつか理由があると考えています。

第一にあげられる理由としては、バークシャー・ハサウェイの資産規模が大きくなりすぎて、数多くある銘柄の上場株式の一部を保有するのでは資産運用が追いつかないことです。「これは！」というようなよい企業があれば、丸ごと買ってしまったほうが効率的なくらい、バークシャーの資産規模は大きくなってしまったのです。先ほどバフェット自身が語っているように、投資基準に合ったよい企業というのは無限にあるわけではなく、資産規模を考えると、会社全体を買収するという判断にもなるわけです。

個人投資家からすれば、上場企業を丸ごと買ってしまうような投資は残念ながらできません。これはバフェットの投資をいくら真似ようと思っても、真似することができない大きな違いだといえます。

ただし、なぜバフェットが上場企業を丸ごと買って上場廃止にまで持ち込むのかについて考えることは意味があると思います。上場株式のリターンと、複利が生み出す株主資本のリターンを比較すると、バフェットの狙いが見えてきます。

ROE25%の企業 vs. 米国株式市場のリターン

米国の株価指数のリターンはどのくらいかご存じでしょうか。スタンダード＆プアーズ500(S&P500)株価指数のリターンについて考えてみましょう。

測定する期間によりますが、過去の実績によると、10 〜 30 年間という期間で年間平均リターンを見ると、5 〜 6 ％程度です。

米国の株式市場は、日本の株式市場とはリスクの度合いが異なりますが、金融機関の預金金利の水準を考えると、これだけでも十分なリターンがあるといえます。とても羨ましい限りです。

　しかし、このように高いリターンを享受できる米国の株式市場ですら、バフェットからすると、物足りなさを感じるのではないでしょうか。

　とくに株式市場が過熱化し、これ以上短期的には株価上昇が期待できないような相場動向になったとき、バフェットはいったい何を考えるでしょうか。改めて ROE が株主資本に対してどのような働きをしていたのかを思い出してみましょう。

　ROE が 25％の会社があり、将来もその水準を維持するとします。その企業が当期純利益のすべてを内部留保し、再投資したとすれば、3年で株主資本は約2倍になります。その企業に対して、株式市場が仮に PBR が1倍という評価をし続けたとすると、株価は3年で2倍になっているはずです。

　しかし、上場株式に投資をし、株式市場のパフォーマンス並みのリターンしか出ていないとすると、株式市場全体で見れば年間のパフォーマンスは5〜6％程度にすぎません。

　また、株式市場が過熱化したのちに、株価のパフォーマンスがそれまでの水準より下回ることが懸念される場合、上場株式に投資をすることが魅力的でないこともあります。そうした前提では、上場株式に投資をし、のちに期待外れの株価で評価されるよりは、会社全体を買収し、一度、株式市場で取引される株価である「時価」を消した上で、株主資本の「規模」で評価されるような状況をつくるほうがバークシャー・ハサウェイ全体の利益にかなうという考え方ができます。

　バフェットの次の説明がわかりやすいかもしれません。

「市場は、短期的には投票計です。長期的には重量計です。最終的に重さが肝心なのですが、短期的には投票数が重視されます[6]」

（6）アリス・シュローダー『スノーボール（上）』（日経ビジネス人文庫）p.39

短期的な株価は、ケインズのいう「美人投票」であり、バフェットもその投票については手厳しく、「しかも、まったく非民主的な投票のしかたです。（中略）残念なことに投票の質については、読み書き能力テストがありません」とまでいっています。

　そして、長期的には「重量計」としているように、利益の積分である株主資本の「重量」が大事といっています。

　こうした言葉だけでは理解しにくいので、少し数字の例を含めて考えてみましょう。

　企業買収する際には、PBRが1倍、つまり純資産と同額で買収できるとは必ずしも限りません。買収しようとしている企業がよい企業であればあるほど、つまり、利益成長率が高かったり、ROEの水準が高かったりすれば、PBRが高いというのはこれまで見てきたとおりです。

　ここでは、ROEが25％の上場企業の買収を考えます。すべての発行済株式数を確保するには、PBRで3倍払わないといけないとします。

　PBRが3倍ということは、買収価格が株主資本の3倍であることになります。これが前提です。

　買収した企業が上場企業である場合、すべての株式を取得したあとに非上場化すると、買収価格と買収した会社の当時の純資産との差が、いわゆる「のれん」となります。ちなみに、バークシャー・ハサウェイののれんは、2019年に818.82億ドルあり、総資産の約10％がのれんということになります。

　ROEの水準が高い企業であれば、株主資本を時間の経過とともに積み上げることができます。ROEの水準と時間の経過次第で、買収価格と同等の株主資本にまで積み上げることもでき、買収価格を正当化することができます。

　ROEが25％の会社をPBRの3倍で買った場合、投資した金額にまで株主資本が増えるのに、どれくらいの時間がかかるでしょうか。

（7）アリス・シュローダー『スノーボール（上）』（日経ビジネス人文庫）p.39
（8）https://www.berkshirehathaway.com/2019ar/2019ar.pdf　K-66

ROE	はじめ	1年後	2年後	3年後	4年後	5年後	6年後	7年後	8年後	9年後	10年後
10%	100	110	121	133	146	161	177	195	214	236	259
15%	100	115	132	152	175	201	231	266	306	352	405
20%	100	120	144	173	207	249	299	358	430	516	619
25%	100	125	156	195	244	305	381	477	596	745	931
30%	100	130	169	220	286	371	483	627	816	1,060	1,379
35%	100	135	182	246	332	448	605	817	1,103	1,489	2,011
40%	100	140	196	274	384	538	753	1,054	1,476	2,066	2,893

　答えは、5年後になれば、買収価格と株主資本がほぼ同額になります。したがって、買収によって非上場化しても、5年を経過すれば、買収価格は株主資本で正当化されます。

　また、それ以降もROEは25％で成長し続けると考えた場合、株主資本で価値評価すると、企業の価値は年率25％で成長していくことになります。

　ちなみに、上の表は、ROEごとに、何年後に株主資本がどこまで増えるかを示したマトリックスです。これを参考にすれば、たとえば、○年後を目途にして、何倍までのPBRで買収することができるのかを試算できるようになります。

　株式市場の年平均成長率5〜6％と、買収後に着実に株主資本を積み上げ、買収価格を上回る株主資本を達成した企業を比べてみると、どうなるでしょうか。

　バフェットはROEが低い企業は好みではありませんが、たとえば、買収した企業のROEの水準が5〜6％を超える企業で、かつ利益のすべてを内部留保し、引き続きROEの水準を維持できるのであれば、株式市場の株価上昇率を上回る評価を受けることが可能だといえます。そして、ROEの水準が高ければ、より短期間に投資金額に見合う株主資本になることができます。

　このように、長期で運用することが前提の投資家であれば、上場会社を非上場化することで、長期的に株式市場のリターンを上回るような投資が可能

になります。

　これがバフェット率いるバークシャー・ハサウェイの投資リターンに対するこだわりと、ほかの投資家との差別化です。

　また、バリュエーションに関してテクニカルなことを付け加えておきます。買収した企業が増やした株主資本は、連結でのバークシャー・ハサウェイの株主資本になります。バークシャー・ハサウェイは上場しており、PBRでの評価も当然されています。バークシャー・ハサウェイ自体は、株式市場ではPBRで1倍を少し超えた水準で取引されることが多いです。[9]

　買収後、その企業の評価は株主資本とPBRのマルチプルをかけた価値となるので、仮に買収した企業のROEが株式市場のリターンよりも高く、長期で株主資本を積み上げることができれば、理屈上はバークシャー・ハサウェイの株価は株式市場のパフォーマンスを上回ることになります。バークシャー・ハサウェイはPBRが1倍を割れないように経営すればよいわけです。うまくPBRを1倍以上に株式市場で評価されるようにすれば、買収した企業の株主資本以上に評価されることになります。

　このようにバークシャー・ハサウェイにとって、今後の株式市場の動向に対して弱気であれば、ROE水準の高い企業を完全に買収してしまうことのメリットが大きいといえます。 これがバークシャー・ハサウェイのやり口です。

個人投資家は複利とバリュエーションを意識した投資を

　バークシャー・ハサウェイがこのような投資をするのも、ROEの高い企業が株主資本を積み上げるという複利の考え方が前提になっています。当然ながら、個人投資家が上場している企業のすべてを買収するような投資はで

（9）https://finance.yahoo.com/quote/BRK-B/key-statistics?p=BRK-B

きません。

　しかし、ROE 水準が高く、長期的にその状況を維持できるような企業であれば、複利の考え方に従って、株主資本を着実に拡大させていくことができます。その企業が、将来、株式市場でどのような評価を受けるのかは現時点ではわかりませんが、その時点でも利益成長率が見込めれば、満足できるPBR で評価される可能性が高いわけです。

　株式投資では、複利を活用すべきというのがこの本の大きなテーマの一つであり、バフェットの投資のアプローチを振り返ることで、改めてその重要性を認識しました。そして、繰り返しになりますが、その際に重要なのは、ROE の水準とその継続性であり、それがそのまま複利の効果とインパクトを表します。

　インターネットの普及で情報があふれ、株価は毎日といってよいくらいに動きます。「自分の判断が間違っていたのではないか」と思わせる材料は山のようにあります。バフェットのような偉大な投資家だからこそ、投資において従う原理は極めてシンプルです。『スノーボール』の中で、バフェットの投資の考えを示す有名な言葉があります。ご存じの方もいることでしょう。「株式は長く持っているものだ。生産性が上がれば、それにつれて株価も上昇する。間違いが起こる場合はいくつかある。売買のタイミングがよくないのが、そのひとつだ。高い手数料を払うのも損のもとになる。そのふたつを避けるには、低コストのインデックス・ファンドを時間をかけて買うのがいい。他人が怖がっているときには貪欲に、他人が貪欲なときにはおそるおそる。ただし、市場を出し抜けるとは思わないこと。アメリカの代表的な産業が好調をつづけそうなときに、優れた銘柄を選んで買えば市場平均より値上がりが期待できると、なぜ思う？　アクティブ投資家で成功するのは、ほんのひと握りだよ[(10)]」

　この言葉は、個人投資家にバフェットがインデックス・ファンドを勧める

---

(10) アリス・シュローダー『スノーボール（下）』（日本経済新聞出版）p.437

言葉としてよく知られていますが、ここではあえてバフェットがアクティブ投資家として成功するために出してくれたメッセージとして見ていきましょう。

　バフェットが大事にしているものは、長期投資で間違いありませんが、投資で失敗する要因の一つとして「タイミング」をあげていることは興味深いです。裏を返せば、そのタイミングをうまくとれれば、投資が成功する可能性が高まるともいえます。

　しかし、タイミングをとる投資は一般的には避けられてきました。「落ちてくるナイフはつかむな」という言葉もありますし、積み立て投資の浸透もそうしたことが背景にあると思います。それらはタイミングをとることの難しさによるところが大きいでしょう。

　確かに、タイミングはやみくもにとるものではありません。では、タイミングをとりたい売買はどうすればよいでしょうか。それは、本書で見てきたように、過去のバリュエーションを見ていくことで、その精度を上げるしかありません。株式投資をする個人投資家であれば、資本効率を測る ROE と、PER と PBR などのバリュエーションをマスターするところが第一歩になります。

　バフェットが「アメリカの代表的な産業が好調をつづけそうなときに、優れた銘柄を選んで買えば市場平均より値上がりが期待できると、なぜ思う？」と続けるように、単に優良銘柄を買うだけでは市場に勝てません。

　バフェットは買収対象の企業に、収益性や ROE、バランスシートに「優良性」を求めてきたのは、ここまで見てきたとおりです。そして、株式市場で勝つためには、優良銘柄を選択するだけではダメで、タイミングをサポートするバリュエーションが大事だといっていると読み解くことができます。

　まさに、「他人が怖がっているときには貪欲に、他人が貪欲のときにはおそるおそる」。バフェットのこの言葉の裏にはバリュエーションが根底にあります。他人が怖がっているときのピンチをチャンスに映し出してくれるのがバリュエーションです。

「株はアートだ!」の真実

　株式投資はよく「アート」だといわれます。株式投資に「専門的な技能」が必要なのだとすれば、それは突き詰めるところ「バリュエーション」の使い方にあるといえます。

　バリュエーションで絶対的に必要と思われてきた将来の業績予想は、プロ投資家であるアナリストなどにとって重要な仕事であることに変わりありませんが、本書では個人投資家のみなさんが必ずしも将来予想をしなくても済む方法をお伝えしてきました。

　予想はいろいろある中で、会社予想や証券アナリスト予想の平均値であるコンセンサスを使おうというものです。「あるものを使う」という発想です。そうすることで、会社予想や株式市場が織り込んでいる業績予想に基づいたバリュエーションの歴史的な位置を知ることができます。

　また、銘柄のスクリーニングの方法も、本書を読んでいただければおわかりのとおり、自分が興味のある銘柄をリストアップして、過去の決算情報を地道に入力していけば、複雑な計算をしなくても、いわゆる「優良銘柄」に出会うことができます。そして、その中にはいわゆる「10倍株」が潜んでいる可能性があるというのも、過去の実績をもとに見てきました。

　しかし、そうした有望な銘柄を見いだしても、「いくらで買って、いくらで売ればよいか」という問いには答えられません。その答えを出すには、バリュエーションという「道具」が欠かせません。バリュエーションは、自分が期待している価格と市場がつけている価格の違いを見いだすきっかけをくれます。これは、投資をする時間軸が短期であっても長期であっても変わりませんし、グロース株投資家やバリュー株投資家であっても変わりません。

　バリュエーションは「道具」ですので、その使い方はプロであろうとなかろうと、投資をするときには覚えておかなくてはいけません。そしてバリュ

エーションの使い方と実際に使ったときの投資判断は、まさに「アート」だと思います。

　道具ですので、使い方は人によって異なるでしょうし、使ったあとに出る結果も違うのは当然です。絵画を描く際に、同じ筆と絵の具、キャンバスを渡されたとしても、異なる絵ができるのと同じことです。

　今回、ご紹介したバリュエーションの使い方や結果の導き出し方は、私自身がよく使う方法ですし、長年かけて積み重ねてきた考え方でもあります。その意味でも、自分ではアートだと思っています。

　ただ、今回ご紹介したバリュエーションの使い方がすべてのケースに当てはまるものではありません。また「サイエンス」の要素はありますが、常に未来に対して再現性がある完璧な「サイエンス」でもありません。

　しかし、少なくとも ROE をスタートにした複利の考え方で株式投資の本来の意味を理解し、売買のタイミングを教えてくれるバリュエーションを身につければ、銘柄を評価する際の「目」を持つことができます。

　この「目」を持つことが非常に重要です。この「目」はプロ投資家である機関投資家であれば、当然、持ち合わせている視点です。そうすることでやみくもな投資判断から卒業し、自分のルールを決めるきっかけにもなります。個人投資家として初心者から中上級者への一歩が始まります。

おわりに

　本書では、機関投資家と同じ投資判断を短期間で習得することを目標にしてきました。そのため、最低限の項目に絞って解説しています。

　決算書の見方や産業動向についてさらに深く理解したいという方は、拙著『日本の電機産業』（日本経済新聞出版社）、『Google vs トヨタ』（KADOKAWA）、『銀行はこれからどうなるのか』『テクノロジーがすべてを塗り変える産業地図』（共にクロスメディア・パブリッシング）をご参照ください。電機、自動車、銀行、小売・卸売業などのセクター動向を知ることができます。

　本書の誕生は、これまで学んできた経済や金融の知識、また、株式市場で投資家としてどう行動すべきかを教えてくれた方々のご指導なしにはありえませんでした。ここに感謝したいと思います。

　大学では、慶應義塾大学名誉教授・深尾光洋氏にマクロ経済学やファイナンス、コーポレート・ガバナンスについて学び、それらが私自身の学問の基礎になっています。

　新卒で入社した日本生命には、優秀な先輩方しかいなかったという記憶しかありません。その中でもとくに木下靖朗氏や冨村英三氏には機関投資家としてどうあるべきかを丁寧に教えていただきました。入社2年目研修の「業務研究レポート」で本書のテーマの一つであるバリュエーションについて人事部向けに発表したことを今でも覚えています。

　フィデリティ投信では、入社時の調査部長であったカーク・ニューライター氏に証券アナリストとして勤務する機会をもらいました。また、ファンドマネージャーであった山下裕士氏、水下憲一氏、木部あさ子氏、佐野徳也氏、

石橋洋子氏、海老原佐京氏、重川利枝氏とは 10 年近くにわたって投資アイデアを交わし、刺激的な仕事をしてきたことで投資家の経験値を高めることができました。

　フィデリティ時代の元同僚は、現在でもフィデリティだけでなく、キャピタルやティー・ロウ・プライス、ブラックロックといった世界を代表する機関投資家として活躍する方も多く、彼らの考え方は株式市場を見る上で今でも参考になっています。国内外大手証券会社のアナリスト、数多くの上場企業経営者、IR 担当者とも意見交換ができたことは、資本市場全体を理解する上で役立ちました。

　そして現在、私は機関投資家から離れ、日本で最高の資産運用サービスを確立するために起業しました。くらしとお金の経済メディア「LIMO（リーモ）」を運営するナビゲータープラットフォーム、はたらく世代向け資産運用サービス「moneiro（マネイロ）」を展開する OneMile Partners を共に経営している原田慎司氏、瓜田雅和氏、塚田翔也氏から日々刺激を受けながら仕事ができることに感謝しています。

　本書は、『週刊ダイヤモンド』の元記者であり、現在は NewsPicks 編集長を務める池田光史氏に出版社を紹介していただいたことがきっかけとなっています。

　本書の企画が通ってから原稿ができるまで 1 年が過ぎてしまいました。新型コロナウイルスの影響で本業が忙しかったという理由もありますが、根気強く執筆した結果、コロナ時代の株式市場にも対応できる本ができたと思います。

　出版は今回で 5 冊目です。執筆時には家族に迷惑をかけっぱなしでしたが、おかげでこれまでの投資家としての経験をまとめることができました。あらためて、ありがとうといいたいです。

　本書はすべて個人の責任で執筆しており、内容に誤りがあっても、私が所

属する組織とは関係がなく、すべて私に責任があることを付け加えておきます。

　最後に、読者のみなさんが、本書で紹介した方法で「10倍株（テンバガー）」や「100倍株（ハンドレッドバガー）」に出会えるきっかけになれば幸いです。

2020年12月
　大阪・梅田のビルから御堂筋を眺めながら

泉田　良輔

［著者］

泉田良輔（いずみだ・りょうすけ）

慶應義塾大学商学部を卒業後、日本生命・国際投資部、フィデリティ投信・調査部や運用部で
ポートフォリオ・マネージャーや証券アナリストとして勤務。米国株と日本株の調査と運用に
携わる。その後、GFリサーチを起業し、ナビゲータープラットフォームやOneMile Partners
を共同創業。現在は、くらしとお金の経済メディア「LIMO（リーモ）」、はたらく世代の資産
運用サポートサービス「moneiro（マネイロ）」の運営を行う。
『日本の電機産業』（日本経済新聞出版社）、『Google vs トヨタ』（KADOKAWA）、『銀行はこ
れからどうなるのか』『テクノロジーがすべてを塗り変える産業地図』（共にクロスメディア・
パブリッシング）の著書がある。
メディアでコメントすることも多く、英国のFinancial TimesやThe Economist、米国の
Bloombergなどで産業動向分析が世界に発信されている。
慶應義塾大学大学院システムデザイン・マネジメント研究科修士課程修了。東京工業大学大学
院非常勤講師、NewsPicksアカデミアやNewSchoolのプロジェクトリーダーを務める。

・ツイッター　https://twitter.com/izumx

機関投資家だけが知っている
「予想」のいらない株式投資法

2021年2月2日　　第1刷発行
2024年4月26日　　第5刷発行

著　　者━━━━泉田良輔
発行所━━━━ダイヤモンド社
　　　　　　　〒150-8409　東京都渋谷区神宮前6-12-17
　　　　　　　https://www.diamond.co.jp/
　　　　　　　電話／03-5778-7233（編集）　03-5778-7240（販売）

装丁━━━━━━新井大輔
DTP━━━━━━荒川典久
校正━━━━━━久高将武
製作進行━━━━ダイヤモンド・グラフィック社
印刷━━━━━━勇進印刷
製本━━━━━━ブックアート
編集担当━━━━田口昌輝